PLAT

NAGOYA ZOKEI UNIVERSITY

CONTENTS
目次

4 CONSTRUCTION PROCESS
建設プロセス　　　　　　　　　　　　　　　　98

5 CONSTRUCTION TECHNOLOGY
施工技術　　　　　　　　　　　　　　　　　106

ARENA

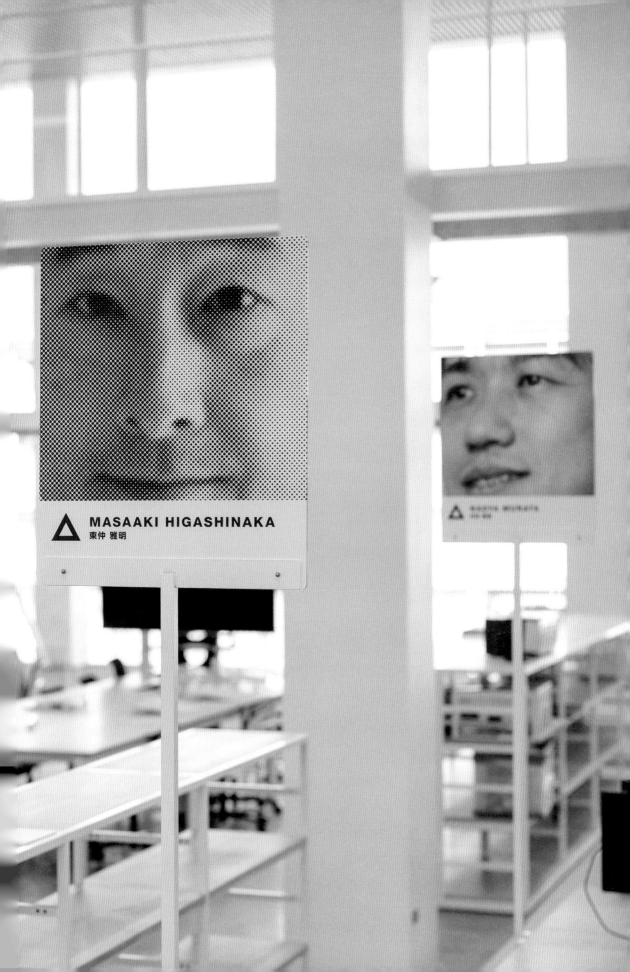

1

DESIGN CONCEPT

設計コンセプト

MATERIALIZATION

山本理顕

"materialization" はハンナ・アレントの言葉である。「物化」と訳される。どのような考え (thinking) も、ただ頭の中で考えているだけでは他者には伝わらない。行動 (doing) しないと伝わらない。どのように行動するのか。声に出す。でもその声を出し終わった途端にその声は消えてしまう。たまたまそこにいて声を聞いている人には伝わるけど、そこにいなかった人、後から来た人には伝わらない。

その考え (thinking) は物にならなくてはならないのである。物になって初めてその物は、そこに留まり後から来る人にその物をつくった人の考えを伝えることができる。物をつくることは、考えを物にすること (doing) なのである。それが「物化」である。"materialize" することである。目に見える物にすることである。"materialization" は考えの視覚化なのだ。

考えを物にすることができれば、それを誰でも見ることができる。そして、その物が美しいかどうかを判断することができる。そしてその美しい物を、ずっと先の未来の人に手渡すことができる。今、見ている物は美しい。未来の人もその物を見て美しいと感じる。後に来た人もまた同じ物を見て同じように感じることができるという、物の存在の本質に気付いたのはギリシャ人だった。物は未来の人にその美しさを手渡すためにある。そのために私たち人間は物をつくる。ギリシャ人はそう考えたのである。

名古屋造形大学は物であり、物であると同時に空間である。名古屋造形大学は、物であると同時に周辺環境との関係である。周辺環境と共にその建築空間は美しい空間として設計され "materialize" される。その建築空間を周辺の環境と共に美しいと感じるのである。それは未来の人びとにとっても美しいと感じられる空間である。名古屋造形大学は未来の人びとに手渡す空間なのである。

名古屋造形大学は芸術大学である。その設計者として指名された。その後、同大学の学長を要請されて受諾した。それは学長として大学の教育理念をつくり上げることであり、同時に設計者としてそれを「物化」する役割を担うことである。

小牧市にあった旧キャンパスは十分な敷地と十分な建築面積、床面積を持った郊外型の大学だったから、それをそのままの形で都心に移転することはできない。床面積は大幅に縮小されることになるからである。それにも関わらずこの名城公園直近敷地への移転は、名古屋造形大学にとって極めて魅力的だった。この敷地の周辺には既に豊かな社会資本が蓄積されていたからである。目の前には名城公園、すぐ近くには愛知学院大学、隣には特別養護老人ホーム、周辺は公営住宅と戸建住宅群、その向こうには柳原通り商店街がある。豊かな地域社会が既につくり上げられていた。その地域社会が大学を迎えてくれる。大学は地域社会の人びとによって支えられるのである。そして、敷地の直下には地下鉄名城線の名城公園駅がある。

大学は、その周辺住人の生活環境を豊かにする義務と責任を担う。それが教育機関としての大学の役割である。地域社会に対して開かれた大学とは何か、教授会で話し合われた本質的課題だった。

芸術活動はそれがどのような芸術活動であったとしても、それ自体が地域社会の人びとに開かれていなくてはならない。芸術活動は地域社会の人びとのためにある。それが、名古屋造形大学の考える芸術活動である。この名城公園の敷地に移転することは、その場所に相応しい新たな大学構想を提示して、それを周辺の住人に理解してもらうことが必要だった。それが学長であり、設計者である私の責任だった。

名古屋造形大学は移転に伴い、今まで九つのコースに分けられていた芸術活動を五つの領域に統廃合することになった。私が学長になって教授会で最初に話し合ったことである。

九コースから五領域へ

美術コース

建築・インテリアデザインコース

マンガコース

アニメーション・CGコース

イラストレーションデザインコース

グラフィックデザインコース

ライフデザインコース

ジュエリーデザインコース

メディアデザインコース

地域社会圏領域
COMMUNITY AREA DESIGN

情報表現領域
REPRESENTATION DESIGN

映像文学領域
VISUAL LITERATURE

空間作法領域
COMMUNITY SENSE DESIGN

美術表現領域
ART EXPRESSION

従来までの日本画、洋画、彫刻、グラフィック・デザイン、プロダクト・デザイン、建築、インテリア、マンガ、イラストレーション、CGなどの、スキルや素材、用途、商品分類によってコース分けをするではなくて、美術制作とは何か、デザイン活動とは何のために、そして誰のための活動なのか、その原点に立って再構成された。

□ 美術表現領域

従来までの、油画、日本画、彫刻、コンテンポラリーアートというコースに分けるという考え方は、それぞれのコースの純粋性・自立性を保つためには有効ですが、その相互の関係を構築するためにはむしろ弊害になっている傾向もあるように思います。それぞれを美術領域という一つの研究領域に統合したうえで、それぞれの研究者が相互に関わり合いを持つことのできる環境を目指します。美術表現はその受け手との関係です。単に自己探求のための芸術活動ではなく、誰のために何を表現するのか、それを探求するのが、美術表現領域です。

□ Art Expression

The traditional approach, which is to divide the curriculum into courses such as oil painting, Nihonga, sculpture, and contemporary art, is an effective way of preserving the purity and independence of each course but can hinder the building of interrelationships among those courses. Once those disciplines have been integrated into a field of research called Art Expression, the goal will be to achieve an environment that enables researchers in different disciplines to maintain relationships with each other. Art Expression concerns itself with, not just self-expression, but the relationship of artistic activities to others; i.e. what is to be expressed and for whose benefit.

△ 映像文学領域

優れた文学作品の情景描写は、その情景の中にいる登場人物の内面をも描写します。読者はその情景を頭に描き、登場人物の心の動きを想像することができます。一方でマンガという表現形式は、その情景を画像として描写します。優れたマンガ作品においては、活字による説明がなくても読者はその登場人物の心の動きを推し量ることができます。こうした画像作品の作品性は20世紀の日本で一つの高みに達したと思います。それは映画、アニメーション、CG、イラストレーションなどの映像表現形式、さらには文学作品に対しても強い影響を与え、あるいは影響を受けています。文学と映像のその相互関係を含んで映像文学という新たな研究領域として立ち上げます。

△ Visual Literature

The depiction of scenes in excellent works of literature also depicts the state of mind of characters appearing in those scenes. Readers visualize those scenes and can imagine the in-ner life of those characters. Meanwhile, the medium of manga portrays those scenes as images. In excellent works of manga, readers can imagine the state of mind of those characters. Such works of visualization can be said to have achieved some of the highest levels of achievement in twentieth-century Japan. That has strongly influenced visual media such as films, animation, computer graphics, and illustrations, as well as literature. The new field of study called Visual Literature examines their interrelationships.

○ 地域社会圏領域

建築コース / インテリア・デザインコースという従来までの考え方は、建築空間をあまりにも狭い研究領域に閉じ込めてしまっています。建築空間とは「それ自身であると同時に周辺地域社会との関係」です。建築と周辺環境・地域社会との関係を、強く意識した研究活動を目指したいと考えます。それは同時に、地域社会（地域社会圏）の再構築を目指すことでもあると思います。都市環境のためのサイン・デザイン（グラフィック・デザイン）、あるいは地域社会に固有の交通システム（プロダクト・デザイン）のような研究活動がこの地域社会圏領域から新たに創造されることを目指します。

○ Community Area Design

The idea of having an architecture course and an interior design course limits architectural space into a narrow field of research. Architectural space is a matter of not only itself but its relationship with the local community around it. The goal is to engage in research activities with a strong awareness of relationships with the surrounding environment and the local community. It is hoped that Community Area Design will produce new research activities such as signage design (or graphic design) for urban environments, and the design of transportation systems (or product design) that are unique to their community areas.

✛ 空間作法領域

私たちの日常のさまざまな身体行為は、ただ自己の意志のみに従って行われているわけではありません。他者に対する気配りと共にその行為を行っているのです。一つの空間の中において、他者に対する気配りと共にある身体行為は「作法」と呼ばれています。身体行為に伴う物のデザインとは、グラフィック・デザイン、プロダクト・デザインやインテリア・デザイン、ファッション・デザイン、ジュエリー・デザイン、あるいはカトラリー・デザインもそうだと思います。そうしたデザインをただ機能に基づくデザインと考えるの

ではなく、他者と共に居る空間の中で他者への気配りとして考える、それが空間作法という考え方です。

＋ Community Sense Design

We engage in our everyday physical action in accordance with not just our own intentions but due consideration of others. Physical action engaged in, in a space, with consideration of others is referred to as common sense or manners. The design of objects involved in physical action include graphic design, product design, interior design, fashion design, jewelry design and cutlery design. Community Sense Design approaches such design, not simply as design based on function, but as consideration of others in a space shared with others.

二 情報表現領域

数値化された情報を、単にそれを数値として処理するのではなくて、視覚情報として表現されることによって発信者と受け手との関係は劇的に変わります。その視覚化された情報は共同体的に共有された情報になるからです。共同体の記憶として共有される、その共有された記憶のことを表象（representation）といいますが、情報表現領域はその表象の役割について探求する研究領域です。

二 Representation Design

The relationship between the senders and receivers of digitized information changes dramatically when that information is not processed simply as numerical values but expressed as visual information. That is because that visualized information becomes information shared by community memory. The memory that is shared as community memory is called representation, and Representation Design is concerned with the pursuit of the role of representation.

○＝△＋□ 各領域相互の関係

それぞれの領域は相互に関係しています。「美術表現領域」は「映像文学領域」と深く関係していると思われます。「地域社会圏領域」と「空間作法領域」あるいは、「情報表現領域」もまた深く関わっています。「空間作法」の美学、あるいは「情報表現」の美学が成り立つためには、その作法の舞台である「地域社会圏」が予め存在していることが前提なのです。五つの領域相互の関係こそが、大学の新たな芸術理念をつくりだして行くのです。

○＝△＋□ Interrelationships among Fields of Research

These fields are interrelated; for example, there is a deep relationship between Art Expression and Visual Literature. Community Area Design, Community Sense Design, and Representation Design are also deeply related to each other. The effectiveness of Community Sense Design and Representation Design is premised on the existence of a community area -the stage where such sense is observed. The interrelationships among the five fields of research are precisely what will generate the new ideals of the university.

芸術活動は、単に自らの内面の追求のみがその目的ではないと考えます。作家活動の本質は、他者の共感を求めることにあります。他者の共感を得ることのできない作品は、最早それを作品と呼ぶことすらできません。それが作品であるためには、他者の承認を必要とするのです。他者とは何者か。過去の芸術運動の失敗が示すように、それは国家でもないし特定の党派でもありません。あるいは金銭を支払う人でもありません。芸術家が共感を求めるのは、身近に住む人びとだと思います。芸術家の活動は地域社会の住人のために、その生活をより豊かにするためにあるのだと考えます。生活の豊かさとは、その美しさと同義です。自己の研鑽、自らのスキルを磨き上げること以上に、そのスキルを以って日常生活をより豊にすることが私たち芸術家の役割なのです。

Artistic expression is not concerned solely with the expression of one's own inner life. The activities of an artist are concerned with the pursuit of empathy. A work that cannot gain the empathy of others is not worthy of being called a work of art. To be a work of art requires the recognition of others. Who are these others? As the failures of artistic activities of the past have shown, they are neither the state nor particular factions, nor people who pay money. Artists seek the empathy of those who live around them. The activities of artists are intended to enrich the lives of members of the local community. Richness of life and beauty of life are synonymous. Our role as artists is more than just dedicating ourselves to the improvement of our skills; it is using those skills to make everyday life richer.
（名古屋造形大学学長 山本理顕 / 訳：渡辺洋）

以上は、大学広報誌のために書いた「五領域」の説明である。

この新たなカリキュラム編成は従来までの芸術活動に対する考え方の変更である。それまでの名古屋造形大学では、個人のスキルの上達を目的としたカリキュラム編成であった。領域制はそれとは根本的に異なる。個人のスキルの向上ではなく、地域社会の人びとに対して芸術活動はどのように貢献することができるか、という問い掛けである。地域社会との関係を問い掛けることが、名古屋造形大学の芸術活動である。

地域に開かれた芸術活動

芸術活動とは問い掛けである。「作品をつくる時の気持ちには「私の作品を理解してください」というお願いの気持ちが含まれている」と言ったのはイマニエル・カントだった。「美しいものについての判断の特徴は…つねに他人の同意」(『判断力批判・上』以文社、2004年、P.116)を必要とするとカントは言ったのである。名古屋造形大学の芸術活動は、地域社会の人びとに向かっている。名古屋造形大学の活動は地域社会の人びととの同意を求める。地域社会の人びとに対して、開かれた大学を目指すことは教授会で話をしてきたことだが、単に施設として開かれているだけではなく、そこでの芸術活動、研究活動、それ自体が開かれたものでなくてはならないのである。

つまり、五つの領域はそれぞれに地域社会との関係を考えた芸術活動を目指すこと、そして領域相互の関係もまた相互に開かれた関係をつくることが重要なのである。そのため、学生たちが創作活動を行う「スタジオ」は徹底して開放的な空間を目指した。

「スタジオ」という空間

「スタジオ」は最上階にある。一室空間である。88×88m、天井高7.25mという巨大空間である。さらにその外周には幅8mの「オープンエア・スタジオ」が巡っている。つまり104×104mの巨大な空間が地上高く持ち上げられている。

敷地直下には「名城公園駅」のコンコースがある。その上は加重制限があった。そのために、建物全体がそのコンコースを跨ぐ橋梁のような建築になった。その橋梁部分が「スタジオ」である。その「スタジオ」が四つの空間によって持ち上げられている。

1. ホール / オフィス
2. アリーナ
3. ライブラリー
4. ギャラリー / カフェテリア

の四つである。

構造計画上、上部構造が巨大であるため、この四つの空間に大きな構造的負担がかかる。そのままでは、柱も耐震壁もかなり大きな寸法になってしまうだろうと思った。その構造的負担を軽減するにはどうするか。「格子壁」を思い付いた。地震力を負担する壁である。それが光を入れる壁にならないか。Arupの金田さん、伊藤さんに相談したところ、鉄板とPC(プレキャストコンクリート)とのハイブリッドにしたら格子状の薄い壁でも耐震壁として可能性があるんじゃないかと言われた。

構造計画とは建築計画である。地球の重力に逆らって、重い構築物を高く持ち上げるわけだから、なによりも最初に構造計画がある。

PCが特徴的である。構造部材を工場生産にする。それを現場で組み立てる。現場打ちコンクリートよりも遥かに精度の高い、そして高強度のコンクリート建築が可能になる。なによりも現場での工事方の作業が合理化できる。より緻密なディテールが可能になるのである。

緻密に構造計算をしてくれたのは金田さん、伊藤さんである。光を透過する美しい壁になった。

格子壁の汚だれ

最も心配したのは汚れであった。格子壁は外部に面して晒される。埃まみれになる。そこに雨が降ったら、汚だれによって目も当てられないことになるのは、誰がみても明らかだった。格子壁の上を8mのキャンティレバーの庇で被せたのは、その汚だれによって格子壁が汚れるのを防ぐためである。

「見世」という商空間

設計の当初から、お店のような商空間をつくりたいと思っていた。教員たち学生たちがつくる作品を商品として展示し、販売する空間である。教員や学生が名古屋造形大学ブランドの商品をつくってくれれば、それだけで話題になる。あるいはカフェやバーのような商空間である。多くの人にこの空間に来てもらいたいという気持ちがあった。名城公園の真ん前である。この大学それ自体が、観光地になる可能性も十分に持っているのである。

サイン計画

大学の新たなロゴをつくりたいと思った。五つの領域の教員たちにそれぞれロゴを考えてもらって、その組み合せで大学ロゴをつくりたいと思ったのである。それはあまりうまくいかなかった。個々の領域の独立性が強く出てしまうのである。思い付いたのが、考えられる限りもっともシンプルな五つの形である。認識されるのはそれぞれの形であると同時にその差異である。

そのスケッチを廣村さんに送った。廣村さんは私の作品では常にサイン計画を担当してもらっている。私のつくる建築空間の特徴をよく知っている信頼するデザイナーである。

このロゴデザインを中心にして、大学のシンボルマークから、サインデザインまで一貫したデザインを考えてもらった。

現場監理とは何か

建築家は現場に入ってもう一度設計する。それまで書いてきた設計図を見直すのである。工事方と話をして、この設計図のままでその工事ができるのかどうか、設計図に間違いはないか。工事の手順はどうするのか。周辺の住人に工事中迷惑をかけることはないか。工事方と共にもう一度すべての図面を見直すのである。その見直されて書かれた設計図を、「総合図」と呼ぶ。総合図を書くのは工事方である。その総合図に従って、施工することになるのである。つまり工事に入ると、設計方と工事方はほとんど一体なのである。一方が監理する側で、他の一方が監理される側である、という意識はほとんどなくなる。設計側が、工事方からアドバイスを受けるなどということも頻繁に起きる。

設計方と工事方が共有するのは、優れた作品をつくりたいという意識である。設計者にとって、工事方にとって、そしてこの工事を発注したクライアントにとっても、それぞれの立場の人たちにとって、優れた作品をつくりたいという意識が共有されて、それで初めて施工監理は成り立つのである。発注者と設計者と施工者が出会う「現場」で、それぞれの考え方を再確認することが、建築が優れた「作品」になるための条件なのである。

「現場」とは、思想が "materialize" されるその現場である。"materialize" とは建築空間化である。その建築の思想の責任者は設計者（建築家）である。すべての責任は設計者にある、としたら "materialize" こそが設計者の担う責任である。

その責任範囲は、当の建築それ自体だけではなくその周辺との関係である。周辺住人に愛されない建築は、いずれ単なる粗大ゴミになり果てる。私たち設計者は100年先の住人に対しても、責任があるはずなのである。

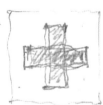

五領域のロゴ 初期スケッチ（山本理顕）

THE ARCHITECTURE FOR THE COMMUNITY

地域に開かれた大学

玉田誠 正木和美 大澤敏行 朴晋秀 大可大

山本理顕設計工場

郊外型キャンパスから都市型キャンパスへ

名古屋造形大学は、愛知県の芸術大学である。旧キャンパスは愛知県小牧市に位置し、自然豊かで広大な土地といくつかの棟に分かれた建物によって、ゆったりとした環境がつくられていた。それが名古屋城の名城公園のすぐ隣に移転し、都市型の芸術大学を目指すことになったのである。

課題は大きく三つあった。一つ目は都市中心部への移転だったため、敷地は現状のキャンパスよりも小さくなり、それに合わせて建築もコンパクトにする必要があった。1,000人の学生のための空間をどのようにつくるのか、どのような都市型の芸術大学をつくるのか。二つ目は敷地中央部の直下に地下鉄の駅があり、敷地を南北に分断していることであった。当然ながら駅に大きな荷重はかけられないため、建築が東西に分かれてしまい、分断が生じてしまう。どのようにして、教育空間を連続

させることができるのか。三つ目は周辺との関係である。この地域は元々、国の官舎や市営住宅が立ち並んでいるエリアであった。建物の老朽化に伴い用途転用され、大学が誘致され、新たに集合住宅が建ち始めるような大きな変化をしている。さらにその周辺には戸建住宅が建ち並び、歴史のある古い商店街もあった。そこで生活している人たちと、新たに参加する人たちが混在するような地域であるため、新しい大学が近隣の地域社会とどのような関係を築けるか、どのように地域に貢献できるかが大きな課題であった。

104×104mの巨大なワンルーム「スタジオ」

旧キャンパスは研究室や専門コース、各学年が閉じられた教室ごとに分けられ、廊下からアクセスするような典型的な教室型の建物であった。新しいキャンパスではこの教室をなくしたのである。104×104mの巨大なワ

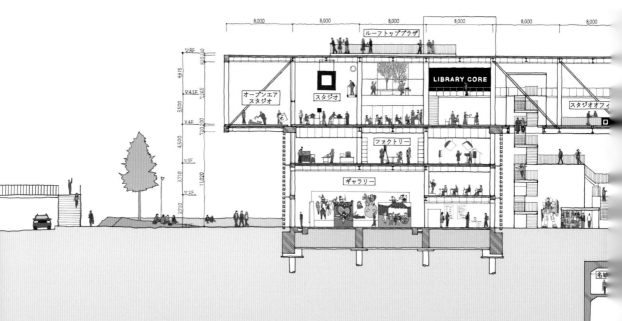

ンルーム空間である「スタジオ」が研究室であり、学生たちの創作の場とした。学生たちはこのスタジオをシェアリングして使う。それは、各コースで完結するように家具のレイアウトをしていくと、収納やプリンターなど重複するものが大量に出てきてしまうので、それをシェアし省スペース化することで、非常にフレキシブルに使うことができると考えたからだ。また、スタジオは間仕切りもなく完全にオープンである。学生や教員の活動が分野ごとに閉じることなく、相互に関係しあうことができ、すべての活動にいつでも参加可能である。スタジオの中央には教員と助手の拠点であるスタジオオフィスを配置した。ここにも教員の個室や研究室はなく、背の低い家具で緩やかに仕切り、スタジオと連続させるように計画した。スタジオ空間全体で、さまざまな活動がグラデーショナルに広がることを目指した。

まちの一部「アートストリート」
スタジオの下は地下鉄を避けるように四つの棟に分け、それぞれの棟にはアリーナ、ライブラリー、カフェテリア、ギャラリー、ホールなどの地域住民も利用しやすいものを配置した。四つの棟は孔が空いた透明な格子壁で包まれる。格子壁はPCと鋼板をハイブリットした構造的な耐震要素であり、直射日光を遮り自然通風を取り込む環境装置でもある。夜には内部から光が漏れ、周囲を優しく照らす灯りにもなる。繊細につくられた継ぎ目のない格子状のファサードがこのまちの新たな風景をつくることを考えた。
四つの棟は最上部でスタジオによってつながれ、最大

スパン40mの巨大なゲートのような、あるいは橋のような建築となる。その橋桁の下、中央を貫くのが「アートストリート」である。大屋根が架かった半屋外空間であり、誰もが入ることのできる商店街のような場所である。アートストリートには、地下鉄への荷重制限をクリアできる低層の「見世」を配置した。見世は学生や教員のつくった作品をプレゼンテーションする場所であり、販売する場所であると同時に地域住民との交流の場でもある。また見世は、路地や広場をつくるように離れて建ち、相互にブリッジや階段でつなげることで屋上に登ってアリーナやファクトリー、スタジオにもアクセスできる立体街路をつくる。ホールを開くことで広場と一体的に使うことができ、さまざまなイベント会場となる。オープンエアギャラリーでは色々な企画展示が行われ、アートストリートと連続することで全体が美術館のような使い方もできる。アートストリートがまちのように賑わい、地域に開かれた大学としての中心になればと考えた。

開かれた大学
大学を開くということは、その大学がどのような理念を持ち、どのように地域と関わるのか、そしてそれが建築空間としてどのように現れるかによって表現されると考える。それが、この場所では「スタジオ」であり「アートストリート」である。
学生と教員の活動が相互に関係し合い新しい何かをつくっていく、そしてその活動そのものに訪れる人たちが触れ合うことできる。それが「開かれた大学」ということである。（玉田誠）

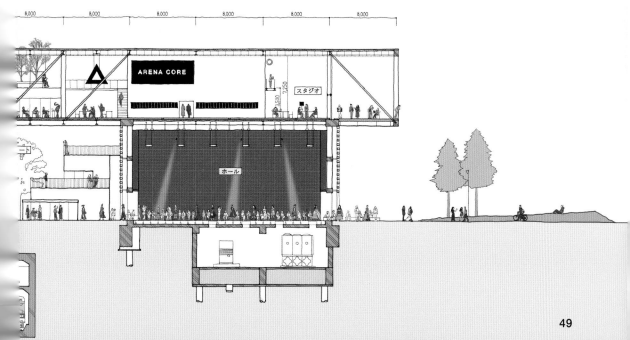

STUDIO
スタジオ

スタジオは104×104m、高さ7.25mの巨大なワンルーム空間である。1,000人の学生と教員の創作活動のための空間である。全体を8mの単一モジュールで構成しているが、吹抜け、中庭などによって上下に視線が抜け、アートストリートとも連続するような多様な環境となっている。スタジオの中央にあるアートプラザはスタジオの玄関であり、作品を発表するギャラリーでもある。音や映像の実験を行えるプレゼンテーションボックスは、建具を開くことでアートプラザと一体的に使うことができる。スタジオオフィスは背の低い家具で囲まれた、教職員がミーティングなどを行う場所である。個室の研究室は設けずに、ここも教職員がシェアリングして使う。スタジオの中2階には、中庭につながるキャットウォークを張り巡らした。スタジオを一望でき、レクチャーの観客席としての利用や作品展示を行うことができる。外周部には幅8mのオープンエアスタジオを設け、屋外制作ができる環境をつくった。ワンルームでありながら多様な場所がひとつながりに連続するまちのような空間である。

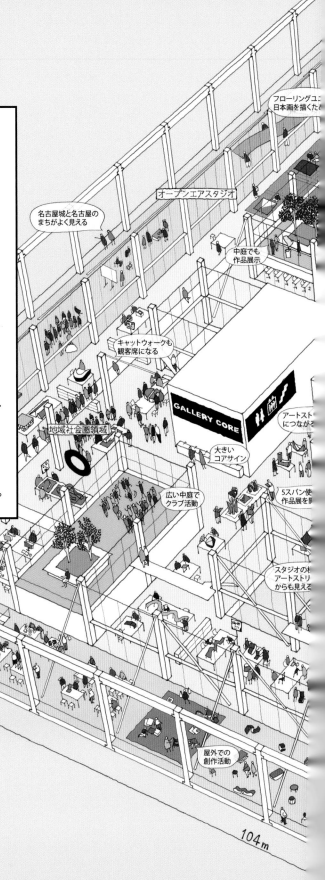

フローリングユニ
日本画を描くた

オープンエアスタジオ

名古屋城と名古屋の
まちがよく見える

中庭でも
作品展示

キャットウォークも
観客席になる

GALLERY CORE

アートスト
につながる

地域社会圏領域

大きい
コアサイン

5スパン使
作品展を

広い中庭で
クラブ活動

スタジオの
アートストリ
からも見える

天井高7.25m

地上への階段

屋外での
創作活動

104m

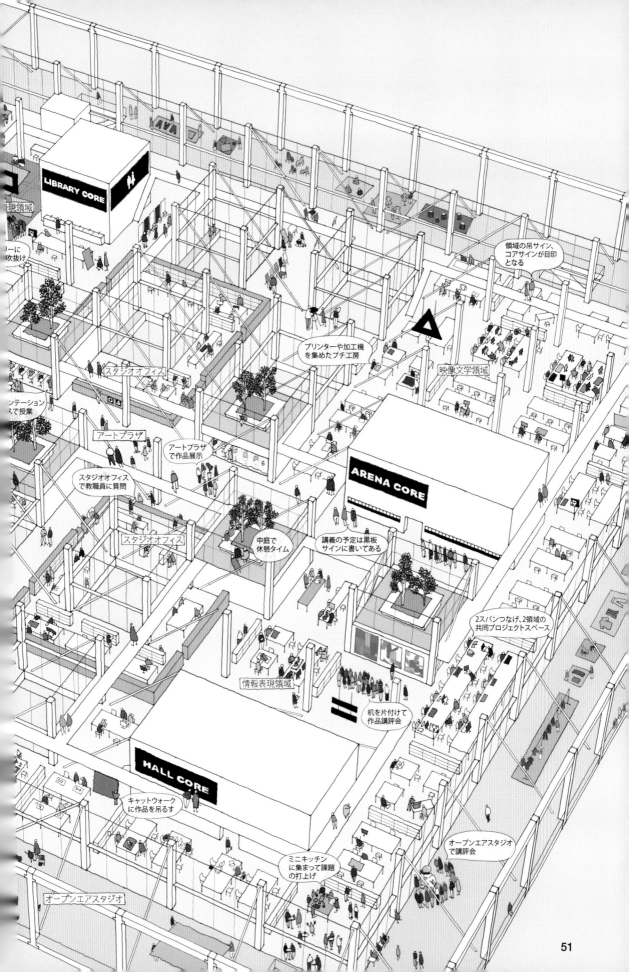

LIBRARY CORE

現領域

ーに
吹抜け

ンテーション
で授業

スタジオオフィス

アートプラザ

アートプラザ
で作品展示

スタジオオフィス
で教職員に質問

スタジオオフィス

中庭で
休憩タイム

情報表現領域

HALL CORE

キャットウォーク
に作品を吊るす

ミニキッチン
に集まって課題
の打上げ

オープンエアスタジオ

プリンターや加工機
を集めたプチ工房

映像文学領域

領域の吊サイン、
コアサインが目印
となる

ARENA CORE

講義の予定は黒板
サインに書いてある

2スパンつなげ、2領域の
共同プロジェクトスペース

机を片付けて
作品講評会

オープンエアスタジオ
で講評会

51

ART STREET

アートストリート

アートストリートは幅40〜32m、長さ104m、高さ11.5mの半屋外空間に13の見世が集まる商店街のような場所である。アートストリートは東西南北の格子壁の間からアクセスでき、いつでも通り抜けが自由な、周辺の街路と一体となった空間である。見世は学生や教員の作品を展示・販売する場所であると同時に、地域住民や地域の企業、他大学との共同創作の場でもある。地下鉄への荷重制限をクリアできるように、低層の鉄骨造とし荷重が集中しないように分散配置した。構造形式は将来的な可変性を考慮して純ラーメン構造とした。外壁のコーナー部分にはL字型の開口を設け、奥行き2mの軒を設けることで、見世での活動が箱の中に閉じることなく、アートストリートへ広がっていくことを考えた。見世同士や本体建物とブリッジや階段で接続することで、見世の屋上やスタジオ、ファクトリー、アリーナなどさまざまな場所につながる、立体的な街路をつくった。アートストリートを中心に、大学全体がまちのように賑わえばと思う。

ライブラ

スタジオに
つながる階段

スタジオに近い
屋上で授業

カフェテリア

レクチャールームに
つながるブリッジ

学生の作品を販売

オリジナル
カクテルの販売

1階カフェの
テラス席。
色々な活動が
見えて楽しい

CITY BEA

4階オープンエア
スタジオに直接
あがれる階段

LIBRARY
CAFETERIA
ARENA
HALL

GALLERY

OFFICE

アートストリートは、
まちや駅と連続している

CAFETERIA

カフェテリア

学生たちに加えて、公園利用者や観光客、地域住民も利用できるまちの食堂である。定食や麺類などの他にカフェ利用やパンなどの軽食、夜にはアルコールなど、提供されるものが多岐にわたるため、過ごし方に合わせて場所を選べるようにカウンター席や大テーブル席、ソファ席などさまざまな家具をデザインした。エントランスには作品棚を設置し、ライブラリーの図書を置くことでブックカフェとしても使える。6人掛けのテーブルはスタジオと同じ仕様とすることで、展示や創作活動の場としても使える。単に食事をするだけの場所ではなくさまざまな活動を許容できるカフェテリアを目指した。

GALLERY

ギャラリー

ガラスのない半屋外空間のオープンエアギャラリーと、大きな展示壁を持つ屋内のギャラリーからなる。オープンエアギャラリーは格子壁によって直射光を遮りながらも風や音や視線を取り込み、夜には光が漏れることで周辺とつながる展示空間である。天井RCには重量物を吊り下げられるインサートを配置し、立体的な展示が可能な計画としている。屋内のギャラリーはガラス張りの空間とすることでオープンエアギャラリーと分断されることなく、一体的なギャラリー空間となるようにした。名城公園や地下鉄の駅からもアクセスしやすく、大学の玄関である。周辺に対して閉じることなく、開かれたギャラリーとなればと思う。

芝生の広場は気持ちが良い

カフェテ

カウンターで食事を受け取

ギャラリー

大通りから気軽にアクセスできる

オープンエアギャラリー

風がよく通る

今日はどんな展をやっているか

打合せスペース

ライブラリー

ソファ席で
くつろぐ

美術の作品集を探す

大テーブルを囲んで
んなで食事

コンセント付きの
カウンターテーブル
でパソコン作業

LIBRARY

ライブラリー

美術図書を中心とした蔵書数約17万冊の図書館である。格子壁による柔らかい光で満たされた吹抜けの一体空間の中央に集密書架を内包した2階建てのブックタワーを設け、それをギャラリーと一般書架が取り囲むような構成とした。窓際の外周部には、読書や簡単な作業ができるように回転式のテーブル付きベンチを配置した。リサーチやディスカッション、時には制作ができるような7.2×1.2mの大テーブルをエントランスのすぐそばに設けた。2階の閲覧ギャラリーにはカウンター席や2人掛けのテーブル席の他に、少人数で集まってミーティングができるソファ席を設けた。静かに本を読むためだけでなく、さまざまな芸術活動の受け皿となるような図書館を目指した。

集密書架 ▽2FL

集密書架 ▽1FL

ライブラリー断面ダイアグラム

HALL
ホール

レクチャーやコンサート、ファッションショーなどのさまざまなイベントが行える多目的ホールである。座席や舞台を可動とすることで方向性がなく、平土間でも使うことができる構成としている。天井部分にはキャットウォークを張り巡らし、イベントに合わせて舞台照明や映像機器の配置を自由に変更できる計画とした。内壁のメッシュパネルの奥には音響調整パネルを設け、オーケストラのコンサートが行えるような音環境を確保している。また、短辺方向2ヵ所に外部へとつながる開口を設けることで、アートストリートの広場や外周の芝生広場と連続して使うこともできる。ホールとしての性能を確保しつつ、閉じることなく広がりを持った空間を目指した。

見世の屋上からアリーナにアクセスできる

学生の の会話

アートストリートも観客席になる

メッシュパネルを展示壁として使える

調整室

音と光をコントロー

スチューデント
ギャラリーは
観客席にもなる

活動がよく見える
オープンなクラブハウス

アリーナ

ARENA

アリーナ

旧キャンパスのアリーナは体育の授業や運動系のクラブ活動で使用されるのみで、その稼働率は低かった。しかしここでは、アリーナは単なるスポーツのためでなく、音楽や美術などの創作や発表をする芸術活動のための空間である。そこで、2、3階の外周部に学生の活動場所として幅の広いスチューデントギャラリーを設けた。文化系のクラブも利用できるオープンなクラブハウスである。アリーナへ直接行き来できる階段を設けることで、時にはアリーナでもクラブ活動ができることを考えた。また、スチューデントギャラリーはイベント時には観客席としても使えるため、地域のスポーツ大会やお祭りにも使うことができる。学生活動や地域活動の拠点としても使ってもらえればと思う。

ファッションショー
開催できる

幅7mの大開口

FACTORY
ファクトリー

長さ88mのファクトリーを中心に材料加工機や映像撮影スタジオなど、さまざまな分野の創作活動のために設備機器を集約した芸術大学の心臓部である。ファクトリーでは周りの部屋で加工した材料を集めて作品の制作や機器を使用した授業、作品の展示を行うことができる。また、スパンごとにシェアリングする計画としており、スタジオの延長として使うことを想定している。ファクトリーに面する各部屋をガラス張りとし、その前面に作品棚を設けることで、活動や材料、作品がよく見える構成とした。異なる分野の活動を日頃から見ることで、新しい発想を生み出すヒントを得たり、他分野との協働のプロジェクトを生み出すきっかけとなることを期待している。

shopbotで製材・加工
木工室
木工室と金工室で加工した材料を組み立て
彫金室
スタジオにつながる螺旋階段
陶芸・石
金工室
版画室
デジタルファブリケーション室
ファクトリー
模写室
工房オフィス
塗装室
講師室
長さ88mの作品棚。レンタルして使う
フォトラボ
サーバールーム
ビデオラボ編集室
レコーディングラボ
ビデオラボから配信
マルチスタジオ
ビデオラボ
LIBRARY
CAFETERIA
ARENA
HALL
CITY BEAUTIFUL

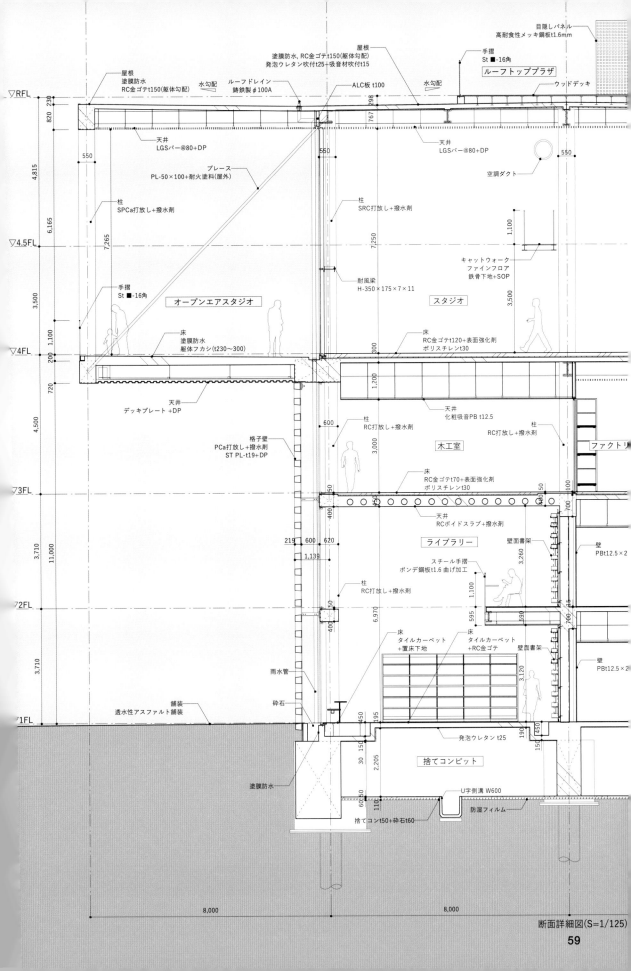

目隠しパネル
高耐食性メッキ鋼板t1.6mm

手摺
St ■-16角

ルーフトッププラザ

屋根
塗膜防水, RC金ゴテt150(躯体勾配)
発泡ウレタン吹付t25+吸音材吹付t15

屋根

水勾配

水勾配

ウッドデッキ

屋根
塗膜防水
RC金ゴテt150(躯体勾配)

ルーフドレイン
鋳鉄製φ100A

ALC板 t100

▽RFL
230
820

天井
LGSバー@80+DP

298
767

天井
LGSバー@80+DP

550

550

550

4,815

ブレース
PL-50×100+耐火塗料(屋外)

空調ダクト

柱
SPCa打放し+撥水剤

柱
SRC打放し+撥水剤

1,100

6,165

7,265

7,250

キャットウォーク
ファインフロア
鉄骨下地+SOP

▽4.5FL

3,500

3,500

手摺
St ■-16角

オープンエアスタジオ

スタジオ

耐風梁
H-350×175×7×11

1,100

床
塗膜防水
躯体フカシ(t230～300)

床
RC金ゴテt120+表面強化剤
ポリスチレンt30

▽4FL
200

300

720

1,200

天井
デッキプレート+DP

天井
化粧吸音PB t12.5

4,500

格子壁
PCa打放し+撥水剤
ST PL-t19+DP

柱
RC打放し+撥水剤

600

3,000

柱
RC打放し+撥水剤

ファクトリ

木工室

床
RC金ゴテt70+表面強化剤
ポリスチレンt30

50

50

100

▽3FL

400

天井
RCボイドスラブ+撥水剤

壁
PBt12.5×2

219 600 620

1,139

ライブラリー

壁面書架

スチール手摺
ボンデ鋼板t1.6 曲げ加工

3,260

3,710

11,000

柱
RC打放し+撥水剤

1,100

▽2FL

50

400

6,970

595

590

760

壁面書架

壁
PBt12.5×2

床
タイルカーペット
+置床下地

床
タイルカーペット
+RC金ゴテ

3,120

3,710

雨水管

砕石

透水性アスファルト舗装

舗装

▽1FL

450

195

発泡ウレタン t25

190

450

150

捨てコンビット

塗膜防水

30

150

2,205

U字側溝 W600

防湿フィルム

60

50

110

捨てコンt50+砕石t60

8,000

8,000

断面詳細図(S=1/125)

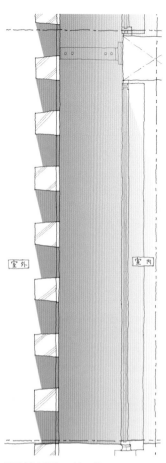

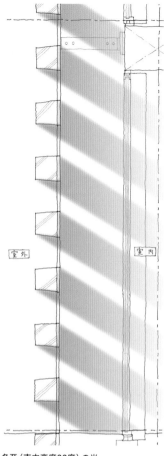

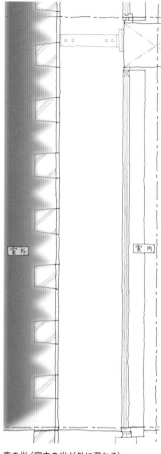

夏至（南中高度78度）の光

冬至（南中高度32度）の光

夜の光（室内の光が外に漏れる）

光を
デザインする

芸術作品のための光環境とともに、周辺に対しても優
しい建築となるための光のデザインを考えた。スタジ
オには中庭と吹抜けの合計15ヵ所の明かり取りを設け、
全体をガラス張りの空間とすることで自然光が溢れる
環境とした。アートストリートには吹抜けを通して自然
光が落ち、真っ白な外壁や天井に光を反射させること
で、明るく開放的な空間となるように配慮した。いずれ
も日中には照明が不要なほど明るい環境となった。格
子壁は耐震要素であると同時に、光をコントロールす
る環境装置である。夏季には強い日差しを遮り、冬季に
は光を取り込み、夜には周囲を優しく照らす灯りとなる。
格子壁の内側も白く塗装したことで、夜になると内部の
柱梁が室内と同化し消えたように見え、格子壁だけが
影となってその姿を浮かび上がらせる。

夜の格子壁

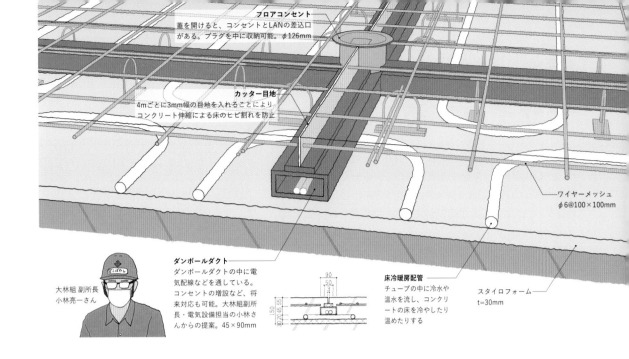

フロアコンセント
蓋を開けると、コンセントとLANの差込口がある。プラグを中に収納可能。φ126mm

カッター目地
4mごとに3mm幅の目地を入れることによりコンクリート伸縮による床のヒビ割れを防止

ワイヤーメッシュ
φ6@100×100mm

大林組 副所長
小林亮一さん

ダンボールダクト
ダンボールダクトの中に電気配線などを通している。コンセントの増設など、将来対応も可能。大林組副所長・電気設備担当の小林さんからの提案。45×90mm

床冷暖房配管
チューブの中に冷水や温水を流し、コンクリートの床を冷やしたり温めたりする

スタイロフォーム
t=30mm

温熱環境を
デザインする

スタジオは天井高さの高い大空間であるため、エネルギー効率の良い床輻射冷暖房を主とした居住域空調とした。天井ダクトからは温湿度をコントロールした新鮮外気を送ることで、床輻射の効果を最大限発揮できる計画としている。また、芸術大学のため、床はハードに使うことができるコンクリートとして、床輻射冷暖房の配管を打ち込んだ。この配管に冷水・温水を流し、その輻射熱で冷房・暖房を行うためコンクリートの熱膨張や熱収縮によるクラックが懸念される。そのため、電気設備ルートとして4mごとにダンボール製の配線トレンチを設け、コンクリートの縁を切ることで、クラック対策を行うとともに将来的な電気配線の更新やメンテナンス、増設ができる計画とした。

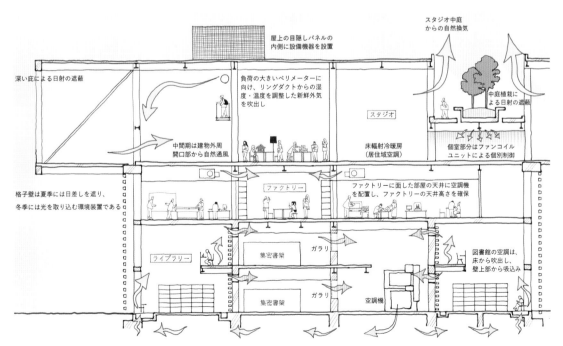

深い庇による日射の遮蔽

屋上の目隠しパネルの内側に設備機器を設置

負荷の大きいペリメーターに向け、リングダクトからの湿度・温度を調整した新鮮外気を吹出し

スタジオ中庭からの自然換気

中庭植栽による日射の遮蔽

スタジオ

床輻射冷暖房
（居住域空調）

個室部分はファンコイルユニットによる個別制御

中間期は建物外周開口部から自然通風

格子壁は夏季には日差しを遮り、冬季には光を取り込む環境装置である

ファクトリーに面した部屋の天井に空調機を配置し、ファクトリーの天井高さを確保

ファクトリー

ライブラリー

集密書架

ガラリ

集密書架

ガラリ

空調機

図書館の空調は、床から吹出し、壁上部から吸込み

温熱環境ダイアグラム

音を
デザインする

この建築は四つの棟がスタジオでつながっているため、さまざまな場所で発生する音のコントロールが必要であった。特に、スタジオやプレゼンテーションボックスなど、多くの人が話したり、それを聴いたりするエリアでは、良好なコミュニケーションを得るために吸音が重要となる。スタジオは、多くの学生と教員が同時多発的に音を出し、床がコンクリート仕上げであるため、天井をルーバーとし、スラブ底に吸音材を吹き付けることで吸音処理を行った。最も騒がしいのがファクトリーのエリアである。加工機などの音を出す機械の部屋は独立させ、その前には緩衝帯となるファクトリーを配置し、スタジオやレクチャールームへ音が伝播しにくいよう配慮した。また、ホールは静寂が求められる空間である。ホールは遮音性能の高い遮音壁で区画し、上部のスタジオの床を浮床とすることで活動音がホールへ影響しない計画とした。

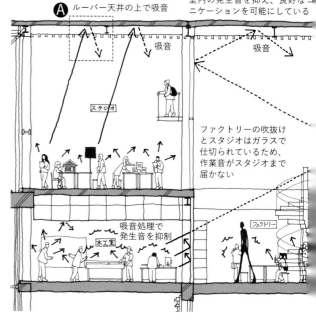

Ⓐ ルーバー天井の上で吸音

人が話したり、大きな音を出すアでは、吸音処理を行うことに室内の発生音を抑え、良好なコニケーションを可能にしている

吸音

吸音

スタジオ

ファクトリーの吹抜けとスタジオはガラスで仕切られているため、作業音がスタジオまで届かない

吸音処理で発生音を抑制

木工室

ファクトリー

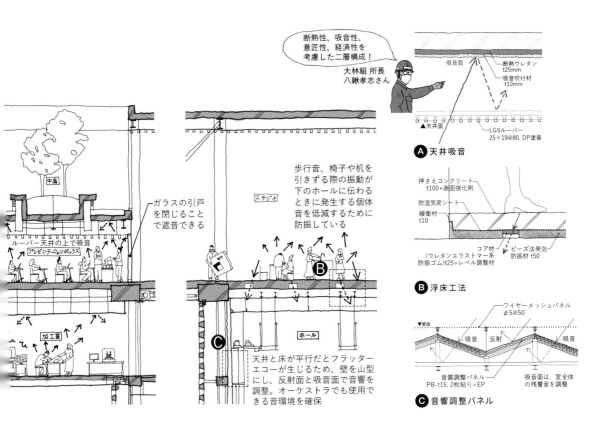

断熱性、吸音性、意匠性、経済性を考慮した二層構成！

大林組 所長
八鍬孝志さん

吸音面
断熱ウレタン t25mm
吸音吹付材 t10mm
▲天井面
LGSルーバー
25×19@80, DP塗装

A 天井吸音

押さえコンクリート t100+表面強化剤
防湿気密シート
緩衝材 t10
コア材（ウレタンエラストマー系防振ゴム）t25+レベル調整材
ビーズ法発泡防振材 t50

B 浮床工法

ワイヤーメッシュパネル φ5@50
▼壁面
吸音 反射 吸音
音質調整パネル PB-t15, 2枚貼り+EP
吸音面は、室全体の残響音を調整

C 音響調整パネル

ガラスの引戸を閉じることで遮音できる

歩行音、椅子や机を引きずる際の振動が下のホールに伝わるときに発生する個体音を低減するために防振している

ルーバー天井の上で吸音
プレゼンテーションボックス

天井と床が平行だとフラッターエコーが生じるため、壁を山型にし、反射面と吸音面で音響を調整。オーケストラでも使用できる音環境を確保

加工室

中庭
スタジオ
ホール

ソーシャビリティをデザインする

アートストリートは学生や教員の表現の場であり、作品や商品を販売する場所である。見世は細い路地や広場をつくるように配置し、商店街のような場所となることを目指した。ランダムに見える配置も地下鉄への荷重や地下鉄通気口との離隔距離、本体建物との接続を考慮してつくられている。外部照明はポールに投光器をつけ、街灯のようなデザインとした。外構の仕上げは、周辺道路と連続するようなアスファルトである。床には道路標示と同じトラフィックペイントでつくったサインを設けて、大学のアイデンティティを表示している。敷地外周部には柵はなく誰でもアクセス可能である。大学が閉じることなく、周辺との親密な関係（ソーシャビリティ）をつくれるようなデザインを目指した。

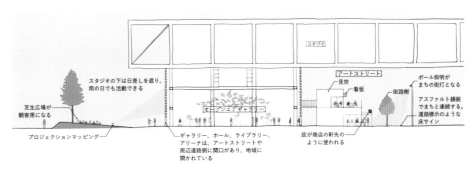

スタジオ

スタジオの下は日差しを遮り、雨の日でも活動できる

芝生広場が観客席になる

プロジェクションマッピング

オープンエアギャラリー

ギャラリー、ホール、ライブラリー、アリーナは、アートストリートや周辺道路側に開口があり、地域に開かれている

アートストリート
見世
看板
街路樹

庇が商店の軒先のように使われる

ポール照明がまちの街灯となる

アスファルト舗装でまちと連続する。道路標示のような床サイン

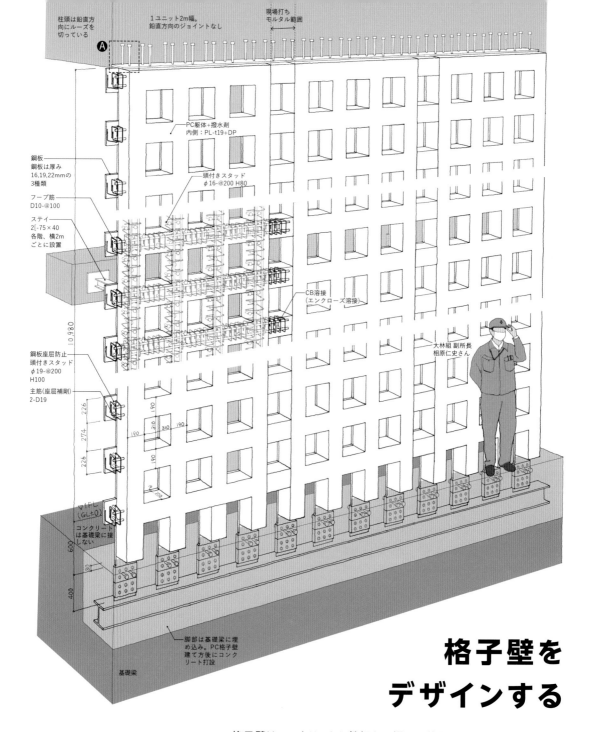

柱頭は鉛直方向にルーズを切っている

Ⓐ

1ユニット2m幅。鉛直方向のジョイントなし

現場打ちモルタル範囲

PC躯体+撥水剤
内側：PL-t19+DP

頭付きスタッド
φ16-@200 H80

鋼板
鋼板は厚み16,19,22mmの3種類

フープ筋
D10-@100

ステイ
2[-75×40
各階、横2mごとに設置

CB溶接
（エンクローズ溶接）

10,980

鋼板座屈防止
頭付きスタッド
φ19-@200
H100

主筋(座屈補剛)
2-D19

190 190
226 310 310 190
274 190
226 190

大林組 副所長
相原仁史さん

1FL
(GL+0)

コンクリートは基礎梁に接しない

600

30

400

脚部は基礎梁に埋め込み。PC格子壁建て方後にコンクリート打設

基礎梁

格子壁をデザインする

格子壁はコンクリートと鉄板を工場で一体化した耐震壁で、スタジオの地震力を負担する。厚さ216mm、柱・梁の見付200mm、開口の大きさ300mm、開口率36%の繊細で開放的な格子を、幅2×高さ11.5mのPC部材として現場でつなげ、最大長さ40mの継目のないファサードとした。格子壁は地震力のみ負担するため、上部には水平荷重のみを伝達するように鉛直ルーズをとり、格子壁と4階スラブの間には30mmのスリットを設け、格子壁が浮いているような見え方とした。また、地震力を受けると面外方向に変形するため、座屈防止用に本体と接続する必要があったが、溝型二丁合わせを2、3階の床レベルに2mピッチの最低限の配置とすることで、格子壁の自立性を強調するデザインとした。

Ⓐ 格子壁上部詳細

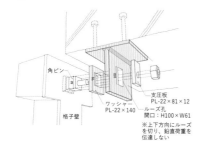

角ピン

ワッシャー
PL-22×140

支圧板
PL-22×81×12
ルーズ孔
開口：H100×W61
※上下方向にルーズを切り、鉛直荷重を伝達しない

格子壁

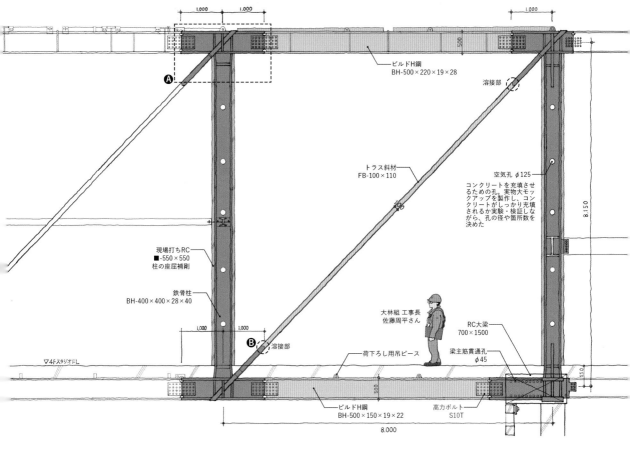

ビルドH鋼
BH-500×220×19×28

溶接部

トラス斜材
FB-100×110

空気孔 φ125
コンクリートを充填させ
るための孔。実物大モッ
クアップを製作し、コン
クリートがしっかり充填
されるか実験・検証しな
がら、孔の径や箇所数を
決めた

現場打ちRC
■-550×550
柱の座屈補剛

鉄骨柱
BH-400×400×28×40

大林組 工事長
佐藤周平さん

RC大梁
700×1500

梁主筋貫通孔
φ45

B 溶接部

▽4FスタジオFL

荷下ろし用吊ピース

ビルドH鋼
BH-500×150×19×22

高力ボルト
S10T

8.150

550

8.000

トラスをデザインする

スタジオは幅40m、長さ104m、高さ7.25mの巨大なブリッジである。
トラス層の上にスタジオ空間を載せるような方法ではなく、スタジオ
空間自体をトラス層とする合理的な構造計画とした。斜材が空間に
参加することで、アクティビティや空間の重なりがはっきりわかるよ
うになった。斜材は鋼板を見付100mmに統一し、軸力に応じて奥行
きを40mmから200mmに変化させた。接合部は完全溶け込み溶接
のグラインダー仕上げとすることで無垢材の美しさを活かした。また、
鉄骨柱H-400×400はそれだけだと座屈してしまうため、座屈補剛
のためのRCを巻くことで550×550mmの非常に細いプロポーショ
ンとなった。土木構築物のような空間スケールであるが、繊細な建築
部材のスケールでつくられる空間を目指した。

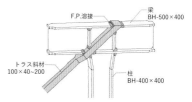

F.P.溶接

梁
BH-500×400

トラス斜材
100×40～200

柱
BH-400×400

A 鉄骨梁と斜材溶接部

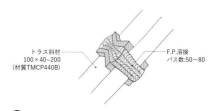

トラス斜材
100×40～200
(材質TMCP440B)

F.P.溶接
パス数:50～80

B 斜材溶接部

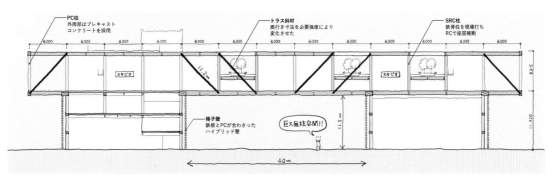

PC柱
外周部はプレキャスト
コンクリートを採用

トラス斜材
奥行き寸法を必要強度により
変化させた

SRC柱
鉄骨柱を現場打ち
RCで座屈補剛

スタジオ

スタジオ

格子壁
鉄板とPCが合わさった
ハイブリッド壁

巨大無柱空間!!

40m

構造ダイアグラム

階段を
デザインする

格子壁を背景として現れる象徴的な階段である。吊り構造とすることで、格子壁の繊細さやスタジオの浮遊感を際立たせるような階段を目指した。スタジオからΦ32mmのロッドで吊り、カプラージョイント部分にフラットスポットを設けることで、ターンバックルがなくても調整可能なディテールとした。また、見世とスタジオのそれぞれ独立した構造体に接続するため、スタジオに固定する部分と地上部に固定する部分に分け、見世の屋上と外壁部分にEXP.Jを設けた。EXP.Jは煩雑な印象になるのを避けるため、手すりや階段固定部などの一般部と見え方を統一した。スタジオ空間に突出するヤグラ部分は、キャンティレバーの鉄骨造のガラスBOXとすることで、大空間の中に外部空間が貫入するようなデザインとした。

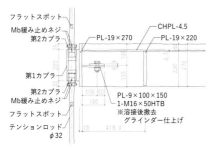

フラットスポット
Mb緩み止めネジ
第2カプラ
CHPL-4.5
PL-19×270
PL-19×220
第1カプラ
第2カプラ
Mb緩み止めネジ
PL-9×100×150
1-M16×50HTB
※溶接後撤去
グラインダー仕上げ
フラットスポット
テンションロッド
φ32

Ⓐ 吊りロッド 詳細図

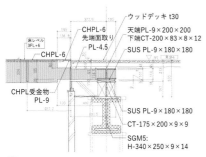

ウッドデッキ t30
CHPL-6
先端面取り
天端PL-9×200×200
下端CT-200×83×8×12
PL-4.5
床レベル
3FL+6
CHPL-6
SUS PL-9×180×180
CHPL受金物
PL-9
SUS PL-9×180×180
CT-175×200×9×9
SGM5:
H-340×250×9×14

Ⓑ EXP.J 詳細図

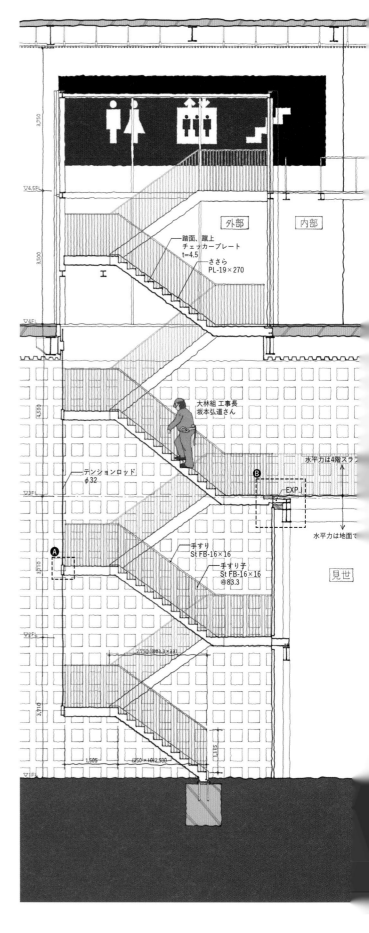

外部　内部

踏面、蹴上
チェッカープレート
t=4.5
ささら
PL-19×270

大林組 工事長
坂本弘道さん

水平力は4階スラブ

テンションロッド
φ32

Ⓑ

EXP.J

水平力は地面で

手すり
St FB-16×16

手すり子
St FB-16×16
@83.3

見世

Ⓐ

2,750(@83.3×33)

250×10 2,500

1,505

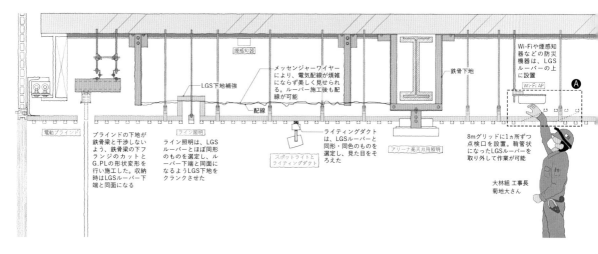

煙感知器

Wi-Fiや煙感知器などの防災機器は、LGSルーバーの上に設置

Wi-Fi AP

Ⓐ

鉄骨下地

LGS下地補強

メッセンジャーワイヤーにより、電気配線が煩雑にならず美しく見せられる。ルーバー施工後も配線が可能

配線

電動ブラインド

ブラインドの下地が鉄骨梁と干渉しないよう、鉄骨梁の下フランジのカットとG.P.Lの形状変形を行い施工した。収納時はLGSルーバー下端と同面になる

ライン照明

ライン照明は、LGSルーバーとほぼ同形のものを選定し、ルーバー下端と同面になるようLGS下地をクランクさせた

スポットライトとライティングダクト

ライティングダクトは、LGSルーバーと同形・同色のものを選定し、見た目をそろえた

アリーナ高天井用照明

8mグリッドに1ヵ所ずつ点検口を設置。鞘管状になったLGSルーバーを取り外して作業が可能

大林組 工事長
菊地大さん

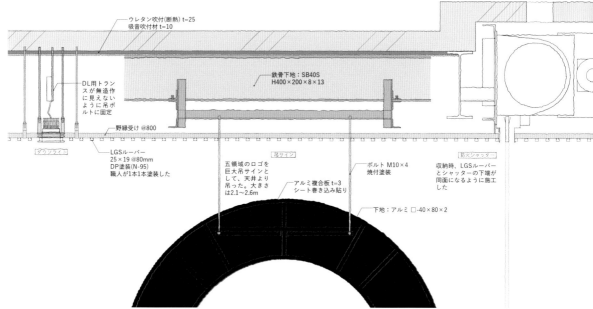

ウレタン吹付(断熱) t=25
吸音吹付材 t=10

鉄骨下地：SB40S
H400×200×8×13

DL用トランスが無造作に見えないように吊ボルトに固定

野縁受け @800

ダウンライト

LGSルーバー
25×19 @80mm
DP塗装(N-95)
職人が1本1本塗装した

吊サイン

五輪域のロゴを巨大吊サインとして、天井より吊った。大きさは2.1～2.6m

アルミ複合板 t=3
シート巻き込み貼り

ボルト M10×4
焼付塗装

下地：アルミ □-40×80×2

防火シャッター

収納時、LGSルーバーとシャッターの下端が同面になるように施工した

天井を
デザインする

スタジオの天井は空間の連続性を強調するため、全面をルーバー天井とした。照明器具やシャッター、電動ブラインドなどの設備機器が見切り材なしにピッタリと納まるよう、加工のしやすい天井下地に使われるLGSを採用した。ルーバーのピッチは80mmである。これは連続した天井面に見える寸法であると同時に、下から天井内に手を入れて作業できる寸法である。天井内にはメッセンジャーワイヤーを張り巡らして配線の経路としている。煩雑になりがちな配線を美しく見せ、後から天井を外すことなく配線工事ができるような配慮である。また、点検口は鞘管状にすることで下地が見えてこないデザインとした。巨大なスタジオに出てくるさまざまな要素が、全体のシステムに参加するようにディテールをつくっていった。

Ⓐ 点検口は鞘管とし、固定ルーバーに載せているだけなので、簡単に取り外せる

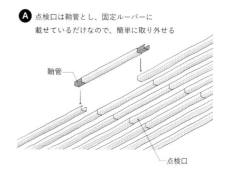

鞘管

点検口

2

ENGINEERING
エンジニアリング

STRUCTURAL APPROACH

構造からのアプローチ　金田充弘 / Arup

コラボレーション

名古屋造形大学のプロジェクトを振り返り、日本における建築家とエンジニアの緊密で創造的なコラボレーションと、優秀な施工者との切磋琢磨によって可能になるものづくりの重要性を改めて実感する。海外では、このような協働関係は稀有と言っても過言ではないほど激減している。山本さんとは邑楽町役場コンペ以来20年近いお付き合いだが、実は名古屋造形大学が最初に竣工した建築となったことに驚く。今回のプロジェクトの初回の打合せで示された低層で大きなフロアプレートが敷地全体に浮いているような建築の在り方を見て、山本理顕設計工場と協働した日立市庁舎プロポーザル案が脳裏をよぎった。コンペでは負けたが素晴らしい提案だったので別の機会での実現に期待していた。また敷地内を地下鉄が縦断しているという難条件は、ノーマン・フォスターの香港上海銀行や、ヒュー・スタビンスのシティコープタワーのように、敷地の制約がイノベーションの原動力になった事例を思い起こさせ、チャレンジングなプロジェクトを予感させた。

スケール

名古屋造形大学のプロジェクトがスタートして間もなく竣工した横浜市子安小学校を見学した。運動場側の4層のファサードは端正なプロポーションのPCのフレームで構成され、名古屋造形大学のイメージに近いと聞いた。オールPC造ではなく、RC造との適材適所のすみ分けがされていた。子安小学校は4mの格子グリッドで、名古屋造形大学はこの倍の8mグリッドからスタートした。川口衛先生がよく言われていたように、構造にはスケール則があるので、グリッドが2倍になったら部材サイズも2倍とはならない。立体物は、3乗則でボリュームが増加する。当初は下部も含めて8mグリッドのヒョロヒョロとした柱の間に床スラブが挟まっている構成であったものが、3階までは4mの格子グリッドで、4階は階高8mの8mグリッドに進化していった。その過程で

格子壁が登場したように記憶している。美術系大学の創作活動の場であるスタジオ階と教室や事務室のある階では必然的に適正な階高やグリッドも異なり、空間のサイズに合わせて部材サイズにもヒエラルキーが生まれた。

部材サイズのヒエラルキー

例えば、樹木を考えてみると、太い幹が上方に行くにしたがって枝分かれし、枝分かれする毎に徐々に細くなり、そのかわり本数が多くなっていく。力の流れとして自然なのは感覚的にわかる。名古屋造形大学の場合は、スタディ模型の写真からも見て取れるように、最上階が8mグリッド、その下が4mグリッドとなっていて、部材サイズは最上階が最も大きい。つまり部材サイズは空間のスケールとリンクしていて、これは意匠上のプロポーションのルールとしては自然なものと理解できるが、構造としては樹木のルールと真逆になっている。この二つの異なるルールをどう整理し、適切なスケールを定義するかが、このプロジェクトのテーマだと考えた。構造は見えない力の流れだけでなく、空間を体験するためのオーダー（秩序）を可視化している。現しで使う構造部材は、意匠材としての条件も満たさなければならない。

いかにすべての部材を全体構造に貢献させるかが、空間的な要請から導き出されたグリッドの構造合理性を担保するための勝負所であり、意匠と構造のせめぎ合いの境界面であった。格子壁に何をどう負担させるかも、この流れの中で捉えようとした。

格子壁

部材サイズのヒエラルキーで最も扱いが難しかったのが格子壁である。500mmグリッド、部材幅200mmで実現したが、そもそも構造なのか否かも含めて議論があった。山本さんたち設計者は、格子壁を主要な構造

体（つまり飾りではない）として扱うことに対しては一度もブレなかったと思う。一方、構造チーム内では意見が分かれた。地上レベルの、最も人に近いところにある格子壁の部材サイズは非常に小さくなっているが、鉛直荷重、地震力ともに地面に近いレベルで最大になる。鉛直荷重を負担させることは、さすがに無理があるので、格子壁を耐震要素として使えるか、何割くらいの地震力を負担させることができるか、どんなディテールでどうつくるかといったことを総合的に議論し続けた。メゾンエルメス、台中オペラハウスなど、前例がない構造システムにチャレンジする際は、先進的な解析技術や実験など、複数のアプローチで多角的に検証することで、工学的判断をすることが重要だと学んできた。科学と工学は異なる。唯一絶対の科学的な真実を追求しているわけではなく、工学的に現実と付き合う姿勢が必要だ。今回も、設計段階でのLS-Dynaによる解析と施工段階での実大実験の両方を取り入れた。特に特殊解析を取り入れることは、設計のコアチームとは別の、より冷静な視点が生まれることが大きなメリットである。こうしたプロセスを経て、格子壁は耐震要素とし構造システムの主要なエレメントとなっていった。

合理の近傍

構造家の坪井善勝が代々木体育館の設計にあたって、「美は合理の近傍にある」と言ったと伝えられているが、「近傍」の範囲は時代によっても、プロジェクトによっても幅があり、設計者として絶妙なバランス感覚が求められる。合理性のないことを押し通せば、コストや施工性で破綻するし、構造のみの部分的合理性を主張しても良い建築には結びつかない。今回のプロジェクトでも、意匠・構造・環境設備の融合だけでなく、コストや施工性なども含めて、どのあたりを落としどころとするかは、設計の最後まで模索が続いた。山本さんの建築は、コストが合わなければ、どんどん仕上げが減って、むき出しの構造がそのまま仕上げという方向に向かう（笑）。構造エンジニア冥利に尽きるともいえるが、構造が構造だけの論理ではなく、構造と意匠の融合したレベルでの合理性が問われるようになり、より難易度が上がる。オーヴ・アラップが、「エンジニアリングは、科学よりも芸術に近い」と言ったように、エンジニアリングは唯一無二の最適解ではなく、無限の可能性の中から探し出す建築全体に対する一つの仮説である。設計チームとして追い求めるイメージを共有し、それを体現するストーリーが構造や環境設備によって紡ぎだせるのか、そのストーリーを求めて合理の近傍でより良い

解を模索し続けることがコラボレーターとしての役割であり、アラップの言うアートにもつながると思う。

エンジニアリングチームを率いて
建築家と対峙（協働）するということ

山本さんの目指す建築は非常に明快で、そのヴィジョンを共有しやすい。目指す建築のヴィジョンを共有したうえで、その実現にそれぞれの立場からその立場を超えてプロジェクトの実現に向けて戦わねばならない。合理の近傍と呼ばれる、その近傍の幅、どこまでどちらに寄せるのか、一発でわかるプロジェクトもあれば、ジワジワと炙り出されるようなプロジェクトもある。建築と構造、構造と環境、環境と建築…領域が融合するところで相互に提案しより良い案に育てていく。設計は時間がかかる。長い設計プロセスの中で、多くの人の意見が反映されながら、そして何度も変更されながら、その時点でベストと思われるものに収束させる。今回のプロジェクトでも、社内のエンジニアリングチームのメンバー全員がさまざまな点で貢献している。そのために、建築家との初期の設計打合せには若手も含め設計チーム全員でぞろぞろと連れ立って行くことが多く、参加した若手の提案をできるだけ採用したいと思っている。一人一人に「自分のプロジェクト」と思ってもらうことが大切だ。チームづくりこそが成功の鍵で、必要であれば海外のスタッフに参加してもらうことも多い。また、社外の方のアドバイスをいただくこともあり、特に今回のプロジェクトでは、山本さんの構造アドバイザーである金田勝徳さんに、豊富な経験から多くのアドバイスをいただき、ときには山本さんに対する提案の後押しもしていただいたり、大変お世話になったことを記しておきたい。

山本理顕設計工場にて打合せ

STRUCTURAL PLANNING

構造計画 伊藤潤一郎 / Arup

基本設計

私が本プロジェクトに参加することになった時点で建物のラフなゾーニング・構成は確定していた。そして、構造計画の基本コンセプトも決まっていた。私にとって建築家 山本理顕氏との協働は初めてであったため、コンセプトを提案するタイミングを見計らいながら、少しずつ構造計画をブラッシュアップさせていった。

当初の建築コンセプトでは、敷地内にある地下鉄上部に柱を設けることができないため、建物を4本の足で支え、構造部材にはPC（プレキャストコンクリート）を採用するというものであった。建築計画を理解したのち、私が最初におこしたスケッチでは、4階ブリッジは鉄骨造、下部構造はRCとしていた。しかし、構造合理性だけで建築コンセプトに影響する構造材料を決定することはできないため、PC造を基本として、基本設計を進めることとした（図1）。

耐震要素

PCは、大スパンが可能な工法ではあるが、コンクリートであるため、自重は鉄骨と比較すると重い。大スパンとなる4階の大きなボリュームを支持するためには、潤沢な耐震要素が下部構造に必要であることが容易に想像できた。よって、まずは耐震壁の配置計画について議論を行った。残念ながら、下部構造はホール・アリーナ・ギャラリー・ライブラリーと開放的な空間で構成されており、耐震壁を配置できる箇所が限定されていた。そこで面的な耐震壁で構成するよりも鉄骨ブレースの方が開放的であり、計画に適しているのではと考えたが、それでもまだ耐震要素を配置できる範囲は限られていた（図2）。鉄骨ブレースでは重要度係数1.25を求められる建物を満足させることは難しく、結果的にラーメンフレームで多くの地震力を負担することとした。そのため、建築家が想像していたPCの柱サイズでは納まらず、800×800mでの提案となり、柱サイズを抑えられる手段がないかの模索を続けることとなった。

格子壁

当初から建築家より格子状のフレームを構造として利用することはできないか、と打診されていた。それについて金田との話し合いの結果、多くの問題点を洗い出すことができた。第一に、地震時における外装材のダメージである。建物全体を覆う格子を構造とすると、地震時に格子がダメージを受ける可能性は高い。また地震時後に、建物の顔となるファサードが大きな被害を受けることは、建築主にとって望ましくないことは明白であった。次に、繊細な外装材が構造材となると、その断

PC＋鉄骨ブレース＋格子壁

PC＋RC耐震壁

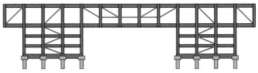

鉄骨フレーム＋ブレース

図1 基本計画 構造コンセプト比較

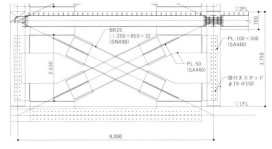

図2 PCフレーム＋鉄骨ブレース案（S=1/150）

面サイズは数倍となり、イメージが損なわれる。さらに、格子状とすることは耐震壁に無数の開口が設けられた状態と同一であり、通常は耐震壁として取り扱わない。この格子フレームを構造要素とするには、大臣認定が必要ではと考えた。一般的な確認申請ルートでの設計期間が想定されるプロジェクトで、特殊な構造を採用する大臣認定ルートに進むことは容易ではない。これらを総合的に鑑みて、構造としての格子壁の採用は躊躇した。しかし、数回目の打合せで山本氏から「格子は構造に使えませんか?」と問われたので、私は「構造設計上200×200mmのPCと鉄板のハイブリッド構造であれば可能性はあります」とお伝えした（図3、4）。結果、最終的に最後まで責任を持てる設計可能な計画やサイズを、私が建築家へ提案する機会を金田は待っていたのだと今ならば思う。この一言で、一気に格子壁の実現に向けて大きく舵を切ることとなった。

トラス

本建物は地下鉄を跨ぐため、4階にはトラスが配置された。基本設計時には層間トラスではなく、屋根レベルに高さ5m程度のトラスを配置し、4階床はそのトラスから吊る計画であった。構造設計上は層間トラスが望ましいが、建築計画の中で重要な空間となる4階スタジオ

が斜材で一体感を損なうのは避けなければならなかった（図5）。トラスはPCで構成され、断面サイズは800×800mmと安心感のあるサイズを提案した。トラスの性質上、圧縮部材は上弦材と束材で、下弦材・斜材は巨大な引張を負担している（図6）。そこで、PCは上弦・下弦・束とし、斜材は鉄骨とすることとした。斜材は当時から超高強度鉄骨（TMCP440）を採用していたが、100×400mmと巨大なものであった。そこで、このPCトラスを検討する一方で、4階を純鉄骨造にするためのストーリーを描き始めたのである。

実施設計序盤～中盤

基本設計が終わった段階で、大きな課題は構造コストだった。本プロジェクトは建物全体における構造コストの占める割合が非常に高く、構造のコスト次第で建物が予算に納まるかが決まると言っても過言ではなかった。そこで、実施設計以降はコスト削減のための協議が多く発生した。

耐震要素

耐震要素は鉄骨ブレースを採用していたが、コストを抑えるため、RC耐震壁に変更することを提案した。これは基本設計時に廃案となったのだが、コストメリット

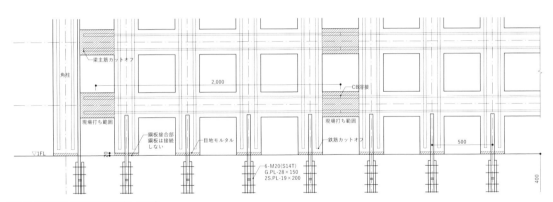

図3 基本設計時 格子壁詳細図（S=1/30）

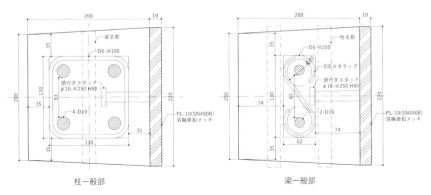

柱一般部　　　　　　　　　梁一般部

図4 基本設計時 格子壁断面図（S=1/6）

図5 構造モデル図

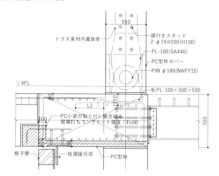

図6a 基本設計時 4階SPトラスピン接合部詳細図 (S=1/50)

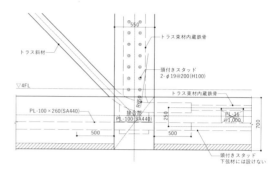

図6b 基本設計時 4階SPトラス 下端詳細図 (S=1/50)

を考え再度検討を進めたものである。実は別の目的もあった。それは、大地震時の格子壁のダメージ低減である。鉄骨ブレースよりRC壁の方が圧倒的に剛性は高く、大地震時における変形量も2倍ほど異なる。コストとダメージを抑えることを目的とし、RC耐震壁を加味した意匠計画の練り直しを進めていった。

格子壁

格子壁の設計は入社1年目のエンジニアが専属で検討を進めていた（図7）。その検討は多岐に及んだ。まず、どのような要件をクリアすれば確認申請機関が一般確認申請＋適合性判定で受理可能かを確認し、申請機関との議論を進めた。同時に、ハイブリッド耐震壁の問題点をさらに洗い出していった。大きな課題は三つ。一つ目は、PCの外に鉄骨が取り付くことによるねじれ問題。二つ目は格子壁の面外座屈である。三つ目は、構造耐力としてPCを考慮可能か、鉄骨だけの耐力とするのかについてさまざまな側面から議論を行った。当初、PCは剛性も耐力も見込まず、鉄板の面外方向に対する座屈防止としていた。しかし、それでは主架構の剛性と格子壁の剛性に大きな差が発生し、格子壁の耐震効果が望めなかった。そこで、PCの剛性を考慮することとした（図8）。しかし、通常のハイブリッド断面と異なり、鉄板がPCの外に取り付いているため、剛性考慮の検証を解析シミュレーションで行うのは困難を極めた。また、格子壁はアウトフレームとすることが最も美しく、柱梁

のフレーム内の挿入は難しかった。地震力を負担するアウトフレーム格子壁の座屈補剛評価も、新たな考え方を構築する必要があった。

図7 格子壁 詳細検証

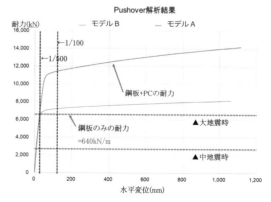

図8 格子壁 耐久力比較

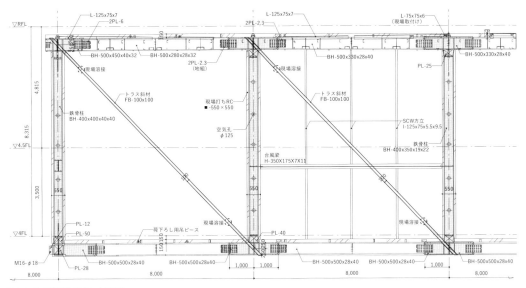

図9 トラス詳細検証 (S=1/150)

トラス

4階のトラスは、コスト削減のため層間トラスに変更することが提案された。構造設計上、層間トラスのメリットは大きいが、地震時にトラスが水平力を負担し破断してしまう問題点をはらんでいた。そのため層間トラスと同時に盛り込まれたのがRCコアである。4階に高剛性の耐震壁を配置することで剛性は大きく向上し、層間トラスは大地震時にも水平力を負担しない計画とすることができた (図9)。

PCユニット重量がクレーンコストに大きく影響することから、PC断面の最小化を進めていった。結果的に柱は800×800mmから550×550mmにまでダイエットすることができた (図10)。それでもまだユニットの重さは、コストに大きな影響を与えていた。その理由は、大型クレーンを地下鉄上部に配置して建方することができないという敷地条件である。PCを建方するためには、地下鉄を避けた位置からのクレーン揚重が必要条件であり、500tクレーンの利用がコストに大きな影響を与えていたのだ。

実施設計中盤～終盤

下部構造の耐震要素は見積もりの末、鉄骨ブレースからRC耐震壁となった。結果的に格子壁の水平力負担は和らぎ、地震時における損傷をコントロールできるレベルに落ち着かせることが可能となった。しかし、全体的なコストは超過していてさらなる構造コストの削減が望まれていた。

格子壁

実施設計終盤となっても格子壁のサイズは変わることなく200×200mmであった。少しずつ課題をクリアし、座屈の考え方についても評価方法・方針は明確になったが、実際その検証方法が妥当なのかという議論が社内でも取り上げられるようになった。そこで、社内のデザインレビューを実施したところ、最終的に皆が納得するまで2ヵ月にわたって3回もの議論を要した (図11)。さらに、Arupの香港事務所からもレビューを受け、改めて計画の説明をすることで、ディテールや考え方について確信を持つことができた。面外座屈の問題を考えていた頃、座屈拘束ブレースの講演の依頼を受けた。その際に、鋼板の座屈をRCで補剛する場合の基本的な考えについて他の講師の話を聞く機会があり、その内

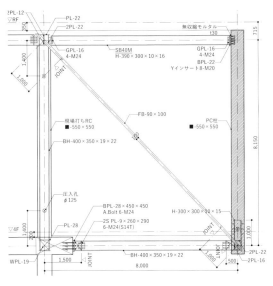

図10 トラス詳細検証 (8m張り出し部) (S=1/150)

容をもとに座屈拘束の考えを発展させることができた（図12）。また同時に、座屈問題は格子壁の製作精度が大きく影響しているという理解にもつながった。

トラス
PCトラスはクレーンのコスト問題から、鉄骨トラスにした場合のコスト比較に及んだ。最上階を鉄骨トラスにすることができれば、4階を支持している格子壁や耐震壁、柱梁、基礎の荷重が軽減され、大きなコストメリットがあると、建築家に説明したことを覚えている。私が基本設計序盤で描いた構造案を、提案する日が廻ってきた。コスト比較を行い、トラスは鉄骨造を採用することが決まった。しかし、既に実施設計は終盤であり、新たな構造形式で実施設計を終える難しさを痛感していた。この案でしか最終的にコストを合わせ、施工者を納得させる方法はないと思っていたため、社内のエンジニアの協力を得て、大幅な構造設計の見直しに取り掛かった。

実施設計終盤〜着工まで
多くのプロジェクトにおいて、作品をもう1段階上のレベルに昇華させるために行っていることがある。それはディテールを突き詰めることである。見せる構造デザインに必須であり、最も面白い部分である。

トラスディテール
露出するトラス部材は斜材のみである。斜材と上下弦・束材が1ヵ所で交差するディテールはシンプルな構成であるが、製作難易度は高い。当初このディテールは、鋳鋼にしてはどうかという提案を建築家から受けた。しかし、私は現在も鋳鋼に大きな抵抗がある。それは、鋳鋼は鋳鋼で終わってしまうからである。せっかくの面白いディテールを鋳鋼の一言で終わらせてしまうことは、私にはできなかった。多くの問題をさまざまな視点から

検討し、解決してこそ、そのディテールの持つ意味や達成感が生まれると理解している。鋳鋼の採用を見送ったもう一つの理由は、鋼材を超高強度高鋼としたことで、一般確認申請で採用可能な鋳鋼では接合部耐力を満足できなかったからである。

斜材は見付け幅100mmで、軸力に応じて奥行きを40mmから200mmに変化させている。その100mmの板厚を柱梁接合部に挿入している。このディテールの問題は、柱梁接合部の三角ウェブの完全溶け込み溶接が可能か、また二方向トラスの場合どうするのかという点である。入札時においても二方向トラスの接合部は鋳鋼とする提案を施工者から受けたのだが、原設計の接合部は確実に製作することができると思い、現場にて施工者と詳細検証を行った。シンプルなディテールで統一し、「設計-施工-製作」の三者が一体となって取り組むことで、経済性に加え、このプロジェクト独自のディテールが実現できると考えた。

斜材は現場で完全溶け込み溶接とした。斜材断面は最大で100×200mmの無垢材であり、巨大無垢材の完全溶け込み溶接の難しさは当然ながら理解していた。溶接接合とした理由は、部材のシャープさだけでなく、斜材のたわみ問題も踏まえてのことである。斜材は長さ11m、両端ピン（タイロッド）とすると、斜材の自重で50mm変形が発生する。両端剛接合とすれば、そのたわみは1/8の10mm以下に抑えることができる。このディテールについても施工者からタイロッドにする方が安価かつ施工性が高いとの提案も受けたが、TMCP440の無垢材を現場で溶接することで、斜材たわみを抑制できる点から課題山積みの無垢材溶接を推し進めることとなった。

格子壁ディテール
2m幅のユニットを工場でつくり、現場でユニット同士を接合する方式である。応力を負担する鋼板の接合は

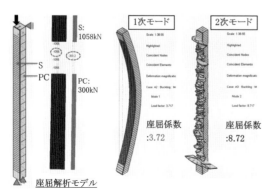

図11 格子壁 座屈検証

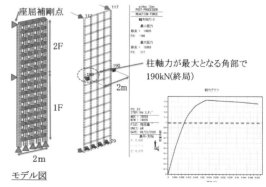

図12 格子壁 座屈補剛検証

通常であれば梁をボルト接合とするが、梁が短スパンで、保有耐力継手を満足することは困難であった。また、シームレスな格子壁を実現するためにも、鋼板は完全溶け込み溶接＋G（グラインダー）仕上げとした。格子壁の頂部ディテールはトラスの軸力を負担しないように鉛直ルーズとし、水平力のみを受けるようなディテールとした。ボルトにクリアランスがあると地震力を負担できなくなってしまうため、ボルトのクリアランスは1mm以下という精度を求めた。そのボルトが500mm間隔で数十m連続する。脚部は格子壁の剛性を左右する重要な部分である。鋼板はそのまま埋め込まれ、SRC基礎梁に緊結し、一方PCは基礎梁に接することなく、50mm手前で止めるディテールとした。このディテールはLS-DYNAで検証した結果である。PCと鋼板は無数のスタッドで一体化し、柱−梁の主筋は2本に限定することで、200mmのサイズが可能となった（図13、14）。

RCピン接合

層間トラスを支持するRC柱梁は見付け幅400mmに統一され、緊張感のあるグリッドフレームを実現している。見付け400mmとするために採用したのがRC梁のピン接合である（図15）。梁端をピン接合にすることで、柱の曲げを最小限にでき、柱はトラスの巨大な軸力を効率良く支持することが可能となった。この接合部を実現するためには、鉄骨で低剛性のディテールが求められ、確実にせん断力を伝達する必要があった。本来は実験をして耐力を確認したかったが、詳細解析を行うことと、梁のスパンを4mとし、さらにコンクリート強度をFc60とした（図16）。

まとめ

本プロジェクトは地下鉄駅舎直上の計画という条件から層間トラスや格子壁が実現されたが、設計における検討は現場にて更にブラッシュアップされ、施工性だけではなく竣工後も考慮する建築に昇華していった。この様な設計者と施工者の協働を体験できたことはとても貴重な経験であり、次の機会があることを願っている。

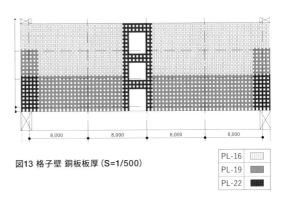

図13 格子壁 鋼板板厚（S=1/500）

PL-16	
PL-19	
PL-22	

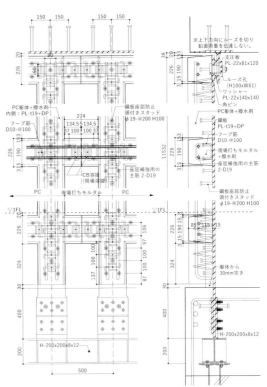

図14 格子壁 断面詳細図（S=1/30）

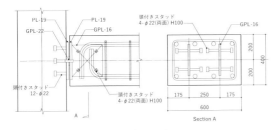

図15 2、3階RCピン接合 詳細図（S=1/30）

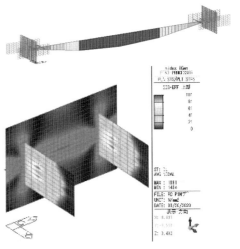

図16 RCピン接合 詳細解析

ENVIRONMENTAL FACILITY DESIGN

環境・設備計画

荻原廣高 久木宏紀 川端将大 / Arup

環境デザインコンセプト

名古屋市の気候は1年を通じて比較的穏やかとされているが、夏は高温多湿で平均湿度は70%を超すことも多く、一方冬には「伊吹おろし」と呼ばれる冷たい北西の季節風が吹く厳しい側面も持っている。加えて近年は、気候変動やヒートアイランドによる影響が加わり、しばしば豪雨や巨大台風にも見舞われる。設計初期に名古屋市における外気温の将来予測を行ったところ、RCP8.5シナリオでは、2090年に名古屋市の平均外気温が4.1℃上昇することを確認した(図1)。

一方、計画地である名古屋市名城2丁目は、名古屋城を含む緑豊かな名城公園の東隣に位置している。大都市中心部にありながら、このクールスポットである名城公園に隣接する新たな美術大学では、どのような屋内外環境を目指すべきか、設計当初からチームで議論が繰り返された。

約90m四方の大きな床面積を持ち、さまざまな活動を受け入れる4階スタジオとその屋根、そして庇は、それ自身が風や光を操り、屋内外を結ぶ環境制御装置の役割を担う。合理的なパッシブデザインと高効率な設備システムを組み合せ、季節に応じて空間の開放と閉鎖を自在に切り替える環境デザインは、大都市における環境配慮型キャンパスの新しいモデルとして提案された(図2)。

季節や時間の移ろいを映し出す

大空間を持つスタジオでは、従来の建築にあるような均等均質な室内環境を目指すのではなく、建物周囲の豊かな屋外環境を積極的に映し出し、季節や時間の移ろいの中で学生の五感を刺激し、多様な創作活動を促すような環境を目指そうとした。そのために、自然採光や自然換気といったパッシブデザインについては設計当初から議論が進められた。

スタジオには全周にバルコニーを巡らせているが、その出入口を兼ねた給気のための換気口を均等に配置した。そして、大きな平面の中央に配置されたプレゼンテーションボックス上の中庭には、排気のための換気口を設け、外周から中央に向かう自然換気を計画した。自然換気シミュレーションによると、スタジオ全般に0.1〜0.2m/s程度のバランス良く穏やかな通風が確認でき、室温は外気温と比べ2〜3℃程度の上昇に抑えられた。また、この安定した一方向の空気の流れは、感染症対策にも貢献するだろう(図3、4)。

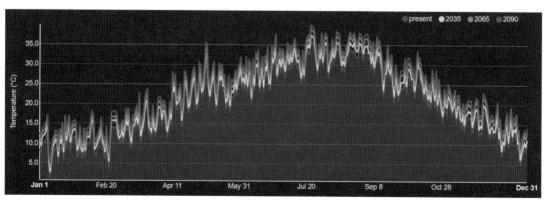

図1 将来の外気温予測(名古屋市)

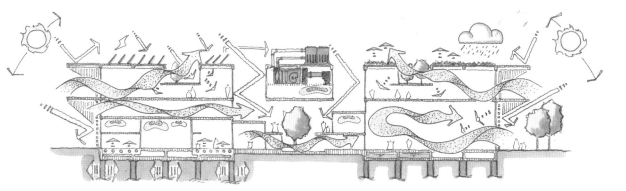

図2 環境設備ダイアグラム

こうして春季や秋季は大規模な自然換気、一方夏季や冬季は後述する床輻射冷暖房と季節によって運用を変え、1年を通じて居住域を常に快適に保つとともに、大幅な運用エネルギーの削減を可能にした。

全周に廻った大きな庇は、効果的に直射光を操っている。自然光シミュレーションによると、春や夏の直射光はこの庇によって効果的に遮られ、窓際を安定した視環境に保つことがわかる（図5、6）。

一方冬季は、庇の下をくぐるようにして直射光が室内へ届き、暖かく明るい環境を生み出す（図7）。

こうして季節や時間の変化に応じて、屋内の明るさはさまざまに表情を変える。

さらに、スタジオより下の階では、アートストリートを中心に分棟化されたボリュームそれぞれに豊かな自然採光が計画されている。これらを囲う格子状のファサードは、直射光を拡散させるためのソーラーディフューザーとして機能している。

こうしてパッシブデザインとアクティブデザインの高度

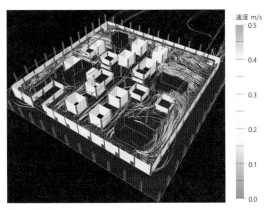

図3 自然換気シミュレーション（風速）

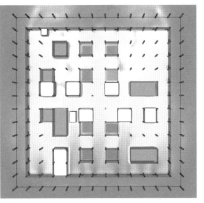
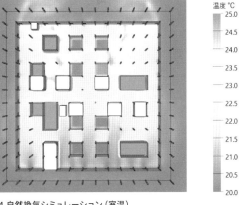

図4 自然換気シミュレーション（室温）

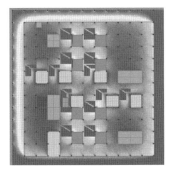

図5 自然光シミュレーション（春分・9:00）

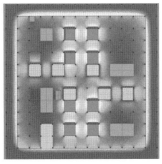

図6 自然光シミュレーション（夏至・12:00）

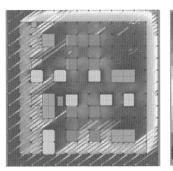

図7 自然光シミュレーション（冬至・16:00）

に融合された環境デザインは、学生の多様な創作活動を支える、個性豊かな屋内外の「居場所」をあちこちに生み出し、かつ省エネルギーにも貢献している。

将来的な脱炭素化への道筋を示す
空調熱源システム

本建物では、電気式熱源を空調熱源として採用している。一般に大学の設備設計では、電気基本料金削減を目的とし、ガス熱源を主体とする熱源構成がよく提案される。一方で近年、国内の電力部門では、発電にかかるCO_2排出量原単位が減少傾向にある。加えて、電力自由化に伴い再生可能エネルギー由来の電気も自由に選択が可能であり、さらなるCO_2排出量削減が期待できる。将来的な脱炭素化を見据えた電気式の熱源計画とすることで、環境負荷低減への貢献を示した。

熱源システムは高効率な空冷ヒートポンプモジュールチラーによる中央熱源方式を主体とし、一部に個別熱源（電気ヒートポンプパッケージ）を採用している。主熱源を中央熱源方式とすることで、異なる運用の室用途間での熱融通を可能にし、個別空調を各所で採用するよりもトータルの熱源容量を抑えることができた。

高い快適性と省エネを両立する
適材適所の温熱環境づくり

天井高が高く、ひとつながりの大空間となっている4階スタジオ（図8）は、居住域の快適性を確保するため床打ち込み配管による床輻射冷暖房を採用している（図9）。床輻射冷暖房は合計8系統（発停は4系統）に分け、制御性の向上とゾーン発停による運用性の向上を図った。床輻射冷暖房の能力を最大限発揮するため、床はコンクリート現しの金ゴテ仕上げとしており、その能力を最大限に発揮できるようにしている。しかし、床コンクリートにポリエチレン管を直接埋設すると、コンクリートの熱膨張や熱収縮、乾燥収縮により、クラックが発生しやすくなることが懸念される。そこで後述する電気設備の配管ルートとして4mごとに配線用トレンチを設け、コンクリートを細かく縁切りすることで、クラック対策を行った。

床輻射冷暖房だけで処理できないペリメーター負荷の処理、新鮮外気の導入および湿度調整は屋上に設置した2台の外調機によって行っている。給気風量は室温と必要外気量によるPMV演算によって制御し、床輻射冷暖房の効果を加味した空気温度で制御することによって、快適性と省エネルギー性の向上に貢献している。
このユニークなスタジオの空調計画については、設計

時のみならず、現場段階でも繰り返し議論が行われた。「屋外環境を積極的に映し出す」という設計コンセプトと、自然換気や床輻射冷暖房による温熱環境制御は、設計者や施工者を含めたプロジェクトチーム全体で定期的に議論した。均等均質から脱した室内環境を目指す一方で、冒頭で述べたヒートアイランドによる酷暑など、対処すべき過酷な屋外環境下でどのような屋内環境を目指すべきか、空調運転時の温熱環境シミュレーションを行いチーム内での理解を深めた。

大空間の中に吹抜が点在するスタジオでは、日射の入り方が時々刻々と変化する。特に、庇のない中央部の吹抜けから入ってくる日射は温熱環境に影響を及ぼし、

図8 4階スタジオ

図9 躯体打ち込み床輻射冷暖房

周囲より1〜2℃温度上昇があることが確認された
（図10）。

正午は太陽高度が高く、直射光が入射する範囲も限られているため均斉度が向上し、場所による温冷感の差は小さい。しかしさらに時間が経つと、夕方の日射の影響を受けることも確認された（図11、12）。

この解析結果および施工者からの提案をもとに、大空間の中央にも給気ダクトを敷設して、さらに室内温熱環境の均斉度を高める計画へと現場で調整を行った。

設計コンセプトである「屋外環境を積極的に取り込んだ室内環境」を環境シミュレーションで可視化することによって、厳しい外部環境下で屋内の温熱環境をどの程度の「振れ幅」に許容するか、チーム内で共有・議論できたことが、スタジオの空調計画において重要なポイントであった。

ライブラリーについては、2層吹抜けとなっている開架書架と閲覧エリアは床吹き出し方式を採用し、居住域の快適性を確保する計画とした。空調機は方位ごとに系統分けを行ったVAVによってファン回転数制御を行い、省エネルギー性に配慮している。2階は熱だまりが生じやすいが、定常・非定常計算による動的シミュレーションを通じて最適なVAV風量を決定し、高い快適性や省エネルギー性を実現させた。

ホールは騒音値としてNC-25が求められており、快適性や省エネルギー性に加え静穏性にも十分配慮する必要があった。3層吹抜け空間であるため、天井吹出し-床吸込みとすることで一方向の空調空気の流れをつくり、人員密度の高く気流の乱れやすいホールでありながら高い換気効率を実現している。また、天井吹出口はノズル型とすることで、静穏性と吹出気流到達距離の両者について満足させることができた。

カフェテリアやレクチャールーム、オフィスなどの個室は天井カセットタイプのファンコイルを基本とし、搬送動力を最小限に抑えて省エネルギー化を図っている。加えて、居室は全熱交換器による換気とし、換気量を十分に保ちつつ空調負荷を削減している。

中央監視設備では、後述する電力メーターの計測値を記録し、新キャンパスの消費エネルギー分析だけでなく、改修時など将来を見据えたデータの利活用を狙った設えを整備した。

保守性に優れた給排水設備

給排水設備は、維持管理がしやすいシンプルな計画とした。

給水設備は上水1系統の受水槽ポンプ直送方式を採用

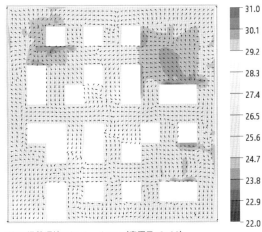

図10 温熱環境シミュレーション（真夏日・9：00）

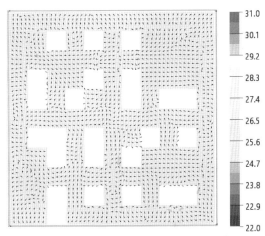

図11 温熱環境シミュレーション（真夏日・12：00）

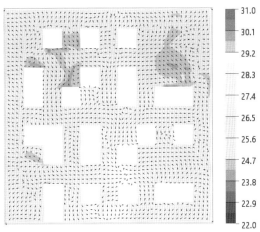

図12 温熱環境シミュレーション（真夏日・16：00）

し、仕切り板を設けた2槽式の受水槽とすることで、長期休暇時の必要水量変化や清掃などの保守性にも配慮している。

また、雨水流出抑制槽を地下ピット内に2ヵ所設け、屋根の雨水を一定時間貯水できる設えとしている。雨水排水本管（敷地外雨水・汚水合流方式）の排水負荷ピークを低減し平均化させ、建物・敷地内だけではなく周辺地域への環境配慮として、昨今懸念される集中豪雨（都市型洪水）への対策を講じた。

給湯設備は局所方式とし、用途に応じて電気貯湯式・ガス給湯器を適切に採用し、運用しやすい計画とした。厨房や一部給湯には都市ガス設備を設け、見世に対してはプロパンガスボンベが設置できる予備スペースを設備スペース内に設けることで、将来の拡張性に配慮している。

消火設備は初期消火のしやすい広範囲型2号屋内消火栓を基本とし、各所に計画した。

図13 屋上の設備置き場目隠しルーバー

高度な教育にも柔軟に対応する電気・通信設備

美術大学では、さまざまな実習や演習、研究に用いられる機器が存在する。さらに本建物では、本学および系列の一つである音楽大学とのコラボレーションを想定して、ホールも計画された。

受変電設備においては、トランス容量が大きい系統はLBSではなく、励磁突入電力制御開閉器とし、その待機電力を抑えている。また、ホールの音響・照明系統などはノイズ対策に単独でトランスを分けるよう配慮している。また、この受変電設備は屋上に設置することで水害対策を図るとともに、分棟形式の建物に適切に配電することが可能なよう分散配置されている。これら分散配置された受変電設備と熱源設備は、目隠しルーバーで覆うことで名城公園に向かう景観を損なうことがないよう配慮されている（図13）。

この目隠しルーバーは設備置き場を囲うほど大きなものであるため、通常では避雷突針を立てることが避けられないが、今回はルーバー頂部に避雷導体を回し、設備置き場中央にルーバー高さと同程度の小さな突針を立て、それらを結ぶように架空で避雷導体を飛ばすことにより突針の高さを必要最小限に抑え、前述の景観配慮に貢献している（図14）。

分電盤は原則各棟の各階設置となっており、その他にも負荷の大きなホールや見世、ファクトリーの各実習室には専用で設置している。実習室の分電盤は鍵付とし、教職員が管理することで不在時の事故などを防ぐ目的がある。各盤には原則、盤ごと一括で電力量を計測できるように、電力メーターを付け場所ごとの使用電力量がわかるようにしており、かつ、各盤内でも照明、空調、換気、給湯、ELV、コンセント、その他に分けて計量している。これらは、前述した中央監視設備でデータを取りまとめており、省エネ法の分類と統一しているため、

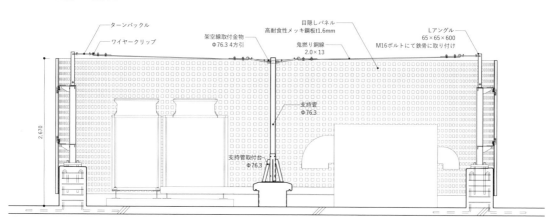

図14 設備置き場を保護する架空避雷設備

省エネルギーのベンチマークと照らして電力の使用量評価がしやすくなっている。

全体計画の他にも、箇所ごとの分電盤の計画には、初期費用や省エネに対する配慮をしている。例えば実習室の一つであるビデオラボでは、将来の拡張に対し外部からの電源車にて電力増強が可能な設計となっており、オーバースペックな初期設備とならないように配慮されている。屋外のアートストリートでは、学園祭などのイベント用に外部電源を必要とするケースが考えられるが、その際ホールが同時使用されない運用であることを踏まえ、アートストリートとホールの分電盤を統一して切り替えスイッチを設けることで、設備スペースやトランス容量の最小化を図っている。

照明設備は守衛室に設置してある中央スイッチで各ゾーンのON/OFF内容を把握でき、消し忘れ防止などの省エネ対応や、学生の居残りなどの安全管理に貢献している。また、外構照明は、タイマー制御とすることで、省エネ効果を図っている。コンセント計画において

は、配線が床に露出しないことはもちろんのこと、木くずなどが影響を及ぼしそうな木工室やファクトリーは天井コンセントを主体に計画した（図15）。

一方、大空間である4階スタジオでは、前述の通り床輻射冷暖房空調の配管が敷設されているが、間仕切りのない高天井空間ではコンセントや有線LANは必然的に床からとらざるを得ない。やみくもにそれらを配管配線するのではなく、床輻射配管を打ち込むシンダーコンクリート内に電気設備用の設備トレンチを設けることで、配線・電源類の自由な取り出しを可能にする一方、床輻射冷暖房配管との干渉を最小限に抑え、またそれ自身がコンクリートクラック抑制にも貢献している（図16、17）。

新時代の大学キャンパスが目指す性能について、建築と環境設備の間では設計当初から双方向の議論が繰り返された。さらに施工時には施工性や保守性も含めてさらに多面的な議論が加わり、建築と環境、設備が高度に統合された計画に結実した。（荻原廣高）

図15 ファクトリー 天井コンセント

図16 スタジオ シンダーコンクリート打設前

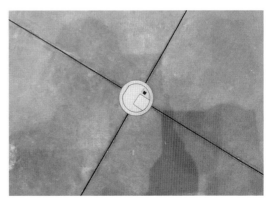

図17 スタジオ 床コンセント

3

TEAM UP
デザイナーとの協働

山本理顕
山本理顕設計工場

ABOUT
COLLABORATIONS
コラボレーションについて

建築家は多くの専門家の助けを必要とする。構造、設備、家具、サイン、ランドスケープ、照明、音響などの専門家である。省エネの専門家、ファサード・デザインの専門家、避難計画の専門家はその重要性が改めて見直されている。

構造計画
Arupの金田充弘さん、荻原廣高さんには、この仕事が決まってすぐに声をかけた。名古屋造形大学はスケールも大きいし、かなり難しい計画になりそうだと思ったからである。Arupは多様な技術者をそろえて世界にその名を知られた技術者集団である。つまり、構造計画と設備計画などを一体的に考えることができるので、われわれ建築家にとっても極めて好都合である。特に金田（かなだ）さんとは、「群馬県邑楽町役場」でのベルト接合という画期的な構造システムから始まって、「The Circle at Zurich Airport」、「台湾桃園美術館」などの建築をサポートしてもらっている。

地下鉄の駅が直下にあるという特殊な敷地だったため、構造的にはかなり注意を要する建築だった。スタジオと呼ぶ大空間を最上階に持ち上げたので、それを支える下部構造には大きな負担がかかる。その下部構造をどのような計画にするか当初から問題だった。耐震コアや耐震壁はどうするのか。一般的な耐震壁付き軸組構造だとしたら、どうしても部材寸法が大きくなってしまう。そこで、格子状の耐震壁を建物の外周に巡らすようなデザインを考えた。しかしそのままでは、耐震壁としてあまりに脆弱である。単なる装飾にしかならない、と当初Arupからは言われた。それでは転倒している。あくまでも耐震壁として使いたいのだ。

鉄板とPC（プレキャストコンクリート）のハイブリッドにしたらどうか、Arupからの提案だった。瞬時にいけると思った。長野県塩尻市のえんぱーく（設計：柳澤潤 / コンテンポラリーズ、構造：鈴木啓 / ASA）で同じハイブリッドの作品を見ていたからである。それは鉄板とPCによる壁柱のアイデアだった。それがそのまま格子壁のシステムとしてうってつけだと思ったのである。構造計画プラス・ワンの金田勝徳さんにも見てもらった。金田勝徳さんは、当時私の事務所の構造顧問を務めてもらっていたからである。金田（かねだ）さんからは鉄板と配筋との接合に関してかなり有効なアドバイスをもらった。その後、このアイデアは、Arupの伊藤さんの根気のある解析によって現実味を帯びていった。

構造的に極めて有効であることは十分な確信を持つことができたが、建築家としては格子壁を通して内部空間から外を見るとどのように見えるのか、透明性は確保できるのか気がかりだった。途中、モックアップを見ながら何度も確認した。暗い側から明るい側を見ると、かなりの透明感を確保できる。逆に外から中を見ると、格子壁の白さが浮き立つ。実際に出来上がった格子壁を見て、ちょっと感動した。これほどの透明感になるとは思わなかったのである。ガラス面と格子壁面との隙間が60cmである（これはメンテナンスのためである）。ここで光が拡散して、夜景も昼景も思いもよらない景観（appearance）になったのである。薄い格子壁を目指してギリギリまで攻めてくれたArup 伊藤さんのお陰である。

構造計画は構造家のアイデアだけではなくて、建築家とのコミュニケーションの中で生まれる。構造家は優れたデザイナーでなくてはならないし、建築家は優れた構造家でなくてはならないのである。そして、それを実現する工作人を必要とする。古代ギリシャでは、この工作人はデミウルゴスと呼ばれた。デミウルゴスは尊称だった。デミウルゴスはそれが宇宙であれ、建物であれ、武具であれ、家庭用品であれ、世界の存在物をつくり出す者という意味である。名古屋造形大学では、大林組の相原さんが、そのデミウルゴスたちの中心だった。

鉄板とPCのハイブリッドというアイデアで、この建築の

方向性が決まった。構造コアも柱梁も、劇的にコンクリート量を減らすことができた。少なくとも見かけ上は、かなり細い部材になっていった。耐震格子壁の威力である。

サイン計画

廣村さんとは長い付き合いである。最初は「岩出山中学校」のサイン計画だった。それまでサイン計画は建築家の仕事だと思っていたので、特にサインの専門家に依頼しようとは考えたこともなかったが、廣村さんからの提案は、私の考えるサイン計画を超えていた。シナベニヤの手すりに、ドットでクラス番号を打ち抜こうというのである。つまり、仕様変更である。それがとても面白い提案だと思ったので、建築のデザインをすべて見直すことにした。教室の扉も、壁も、ドットで穴をあけたのである。見違えるように空間が面白くなった。私がサイン計画の重要さに目覚めた瞬間である。廣村さんにとってもそうだったと思う。サインの建築空間に対する役割を再認識したに違いない。

以降、私のつくる建築のサイン計画はもっぱら廣村さんに依頼している。廣村さんは空間認識の卓越したデザイナーである。私の建築が何を目指しているか、それをたちどころに理解してくれる。だから、基本設計のほとんど最初から参加してもらうのが常である。「埼玉県立大学」では、PCの柱の間（1,780mm）に三桁の数字を配置した。県の営繕課からは「建築家によるサイン計画はあまり目立たないので、わかりやすいサイン計画を」と注文があったので、教室番号を示す巨大なサインは、そうした注文への回答でもあった。実際、実現した空間は、もしそのサイン計画がなかったらまったく違う空間になっていたと思う。建築家とサインデザイナーとのコラボレーションの会心作であると、建築家としても自負できるものになった。

名古屋造形大学にUI（University Identity）委員会をつくってもらい、廣村さんにはその顧問になってもらった。ついでに、名古屋造形大学の客員教授になっても

岩出山中学校 手すりにドットサインを提案

岩出山中学校 ドットの扉壁デザイン

埼玉県立大学 教室番号を示す巨大数字サイン

らった。領域制のカリキュラムと空間の特性をよく理解して、それに則ったデザインになったのは廣村さんがそのカリキュラムに強く共感してくれたからである。サインデザインは建築計画そのものなのである。

設備計画
床輻射冷暖房方式は荻原さんの提案だった。88×88m、天井高7.25mという大空間の空調は、床輻射冷暖房方式以外に考えられない。問題は加重である。蓄熱方式であるため、最上階のスタジオには厚いコンクリートのスラブを必要とするが、重くなる。それを空中に持ち上げなくてはならないのである。下部構造の柱梁、コアの部材寸法はどうしても大きくなる。それを耐震格子壁がフォローしてくれた。構造技術と設備技術とのコラボレーションのおかげである。

音響計画
小さな建築や学校やジャズバー、そして、こうした多目的ホールや劇場、どのような建築でも必ず永田音響の福地智子さんに相談する。福地さんは必ず現場に来て、その空間を体験したうえで設計する。

教授会
従来までの九コース制を五領域制に編成し直したい。その意図を教授会で説明した。領域制への移行、それは小牧から名古屋の都心部に移転するにあたって、必須の条件だと考えていた。床面積が半減するのである。そして、地下鉄名城公園駅の真上に大学が来る。名古屋市の中心である。その都市に対する役割、責任、教育システムも従来とはまったく異なるものになることをそれは意味していた。
五領域制は教授会からも好意的に迎えられた。そして同時に、それにもとづく空間構成に対しても教授会の教員たちとは徹底的に話し合った。教授会メンバーによる「施設設備使い方委員会」をつくってもらい、あらゆる建築的提案は、その使い方委員会との話し合いによって決定されていった。

判断力
建築設計は一人の建築家のイニシアティブ（initiative=beginning）から始まるが、それを建築空間として実現する（materialize）ためには多くの人の協力を必要とする。つまり、多くの人にその思想を共感してもらわなくてはならないのである。その共感を求める能力は、判断力と呼ばれる。判断力とは、その思想を説明しわかっ

てくださいと懇願する能力である。建築家に必要とされる能力である。イマニエル・カントが発見した人間の能力のひとつである。

「趣味判断はその確証を諸概念にではなく、ほかの人びとの賛同に期待するのである」（『判断力批判・上』以文社、2004年、P.115）。

カントは趣味判断と言って、美学的問題に限ったが、ハンナ・アレントは美学だけではなく、あらゆる判断は、他者の賛同に期待する気持ちが含まれていると言ったのである。これは大発見だった。他者とのコラボレーションの可能性を説明するからである。私が美しいと思ったことは、他者もまたそれを見て美しいと思う。美しいと判断することは、他者もまたそれを美しいと思うだろう、そういう気持ちが含まれているのである。共感を求める気持ちである。
もし名古屋造形大学の建築が美しい建築として認めてもらうことができたとしたら、この建築は美しいと思う気持ちを協働する人びとによって共有することができたからである。

メンテナンス
引渡し後、その建築をどのようにメンテナンスするか、それは建築をつくることと同じくらい重要なのである。格子壁をどう掃除するか。掃除会社と話をした。「60cmあれば、その間に入ってガラスと格子壁を拭ける」。格子壁がはしごとして使えるので、むしろメンテナンスし易いということだった。

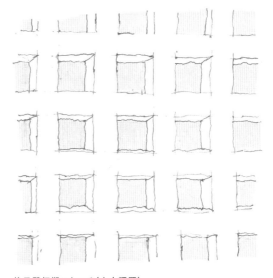

格子壁初期スケッチ（山本理顕）

山本至
itaru/taku/COL.

STUDIO CONCEPT DESIGN
スタジオコンセプトデザイン

名古屋造形大学のシェアリングについて

名古屋造形大学の4階スタジオは、各研究室や学生に固有の机がなく、すべてがシェアリングによって計画されている。授業も、演習を伴うようなものや小規模なものはすべてこのスタジオ空間の机をシェアすることで行われる。すなわち、すべての活動がこの巨大な一室空間の中に内包されており、授業やプロジェクト、活動が適切な距離を保ちながら隣り合う。

分野横断を実現するためにどのような空間ルールを設定するか、それを模索することからスタジオの空間計画はスタートとした。私たちは海外大学がどのような教育空間を実現しているかを学ぶために、「デルフト工科大学」を訪問した。

建築学科を中心とした大学であるが、模型制作などのための製図室はもともと中庭であった場所に大屋根をかけた吹抜け空間としてキャンパスの中央に位置し、すべての席はフリーアドレスである。作品の収納棚は学期ごとに借りられる仕組みとなっており、利用後には必ずそこに収納し、机を綺麗に片付けなければならない。それにより一般的な建築大学と異なり、製図室は利用されていないときには常に整頓されている。

名古屋造形大学ではこれらの前例を大枠に踏襲し、学生、教員、あるいは授業、ゼミの垣根を超えて、4階スタジオを全員が自由にシェアリングをする仕組みを構築している。

フラッグをシンボルにする提案

アートプラザにフラッグを連続させる案

初期案では様々な形の机だったが、最終的には統一されたスタッキングテーブルになった

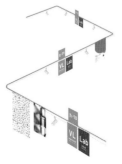

廣村デザイン事務所から提案されたライティングダクト案

廣村正彰　SIGN

廣村デザイン事務所　サイン

新しい名古屋造形大学のサインデザインのコンセプトは「Bold（ボールド）」です。建築のダイナミズム、光と影が美しく変化する空間を体感できるように、サインも大胆で力強くそれに調和したいと考えました。極太の書体とモノトーンで表現するマッスルなデザインです。

大学からはデザインをスタートするにあたり、「都市の中心に移転する新しい名古屋造形大学は、建物が新しくなるだけではなく、これからの美術大学の在り方を社会に提案する」趣旨の説明がありました。それは、分野の種類で分けていた九コースを理念によって五つの領域に分ける試みで、地域社会との関係、何故表現するのか、といった本質的な問いや、人と共に居る空間での作法など、一般的な美術大学とは異なる独自の編成です。

そこで、グラフィックは山本学長（UI委員会）によって決められた五領域の図形、地域社会圏領域〇、情報表現領域二、映像文学領域△、空間作法領域十、美術表現領域□、を基本原理とすることでデザインされま

した。これが名古屋造形大学の新しいロゴマークにもなっています。

本建物の中核となる四つのコアは、1階の大学の機能であるライブラリー、ホール、アリーナ、ギャラリー、カフェテリアなどへつながっています。中でも象徴的な空間である4階のスタジオでは、このシンプルな図形が間仕切りなしの100×100mという大空間で制作や研究を行う学生たちにとって各領域のシンボル兼サインとしても大きな役割を果たしています。

各コアでは諸室名も大きく表示することにより、現在地と上下へのアクセスが直感的に認識できます。

1階のアートストリートは、店舗も含め一般の方も利用できるスペースとして開放されることもあり、地面のアスファルトには、UIをはじめ各コアへの入口に誘導するサインを路面塗装しました。

建築空間だけではなく大学教育の本質に迫るこのプロジェクトでは、サインデザインは単にわかりやすい誘導システムを超えた意味を持つことになりました。

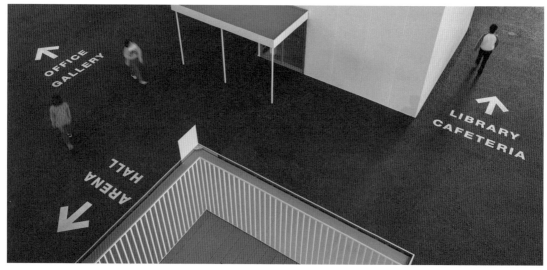

アートストリート 誘導サイン

スタジオ 吊りサイン（地域社会圏領域）

スタジオ 吊りサイン（映像文学領域）

スタジオオフィス 各領域のカウンターサイン

スタジオ コアサイン

藤森泰司　FURNITURE

藤森泰司アトリエ　　家具

新しい美術大学のための新しい家具

私自身が美術大学の出身ということもあり、新しい都市型の美術大学における家具を考えていくことは、とても刺激的なものだった。設計チームでミーティングを重ねる中で、まずタフであること、また、講師や学生たちでも更新できること、つまりはカスタマイズ可能な家具であることが当初からキーワードとして上がっていた。そして現場が進み強固な骨格を持った空間が現れていくなかで、家具そのもののデザインもブラッシュアップされ、力強いタフな"スチールフレーム"と交換可能な"面材（合板）"のハイブリッドというアイデアにつながっていった。

そうした家具のコンセプトが、最も明確に現れているのが「スタジオツール」である。限られたスペースにおいて、シェアリングされる道具/家具群、つまりは作業テーブル、チェア、作品棚といった美術大学の授業を行ううえで、最も根源的なアイテムを「スタジオツール」と名付け、そのありようを模索した。

スタジオテーブル（作業テーブル）

学生たちの活動をサポートする根源的な道具は"台"である。既成のテーブルの大きさや素材感に捉われず、この大学にふさわしい"台"の形式は何か、ということを

ギリギリまで議論し続けた。最終的には、フレキシブルさを考慮しすぎてテンポラリーになるよりも、例えば並べてステージになるくらいのタフさを持ったものの方が、学内のさまざまな活動を許容しうるのではないか、と考え、堅牢なスタッキングテーブルに発展していった。具体的には、スタッキング（スライド式）を考慮した45mm角の角パイプによる脚フレームに、ラワン積層合板を乗せた形式としている。また、それぞれのテーブルを180°回転させると隙間なく連結でき、スタジオごとの大テーブルとしても機能する。

スタジオチェア

美術大学においてのチェアは、相当ハードに使われるものである。また、その授業によってさまざまな形式が求められる。ゆえに、シンプルな構成原理を持ちながら、場に応じて自在に変化していくことを考えた。最終的には、堅牢な通常より太めのパイプを使用したループ構造のフレームと、薄い成型合板によるシェルを合わせて基本構造とした。可能な限り同じフレームを使いながら、スタッキングチェア、スツール（屋外用含む）、キャスターチェアまでデザインしている。美術大学に相応しい、力強い佇まいのチェアが生まれた。

スタジオテーブル（作業テーブル）

スタジオチェア

スタジオシェルフ（作品棚）

同施設における家具の全体コンセプトに呼応するべく、各スタジオごとの領域をつくるシェルフ（作品棚）も、タフなスチールフレームと面材／棚板（ラワン積層合板）という構成になっている。シェルフの棚板は上下に可動できるようなっており、必要であれば後から扉付き

の収納箱を取り付けること（脱着）も考慮している。また、同システムを使用し、一部を掃除用具入れにしたものや、3×6板などの資材を置ける材料置き場にしたもの、そしてハイテーブルや受付カウンターなどさまざまなバリエーションにも展開している。

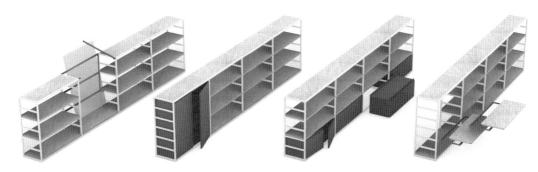

スタジオシェルフ（作品棚）

スタッキングチェア

キャスターチェア

屋外チェア

スツール

岡安泉　　LIGHTING

岡安泉照明設計事務所　　照明

照明計画を考える際に、まず周辺との関係のつくり方と建物の特徴の表現の二つの調和を図ることが重要になると考えた。なぜなら、本プロジェクトの打合せで山本理顕設計工場に伺った際、模型を見て最初に受けた印象は「でかい」ということ。それは地上階の非常に大きな軒下空間と、4階から上の大きなボリュームが4本脚だけで支えられるのかという違和感から受けた印象でもあるが、周辺の住居群とは明らかに違うスケールは、夜間の照明が良くも悪くも周囲の景観に影響を与えると考えたからだ。また、これまで山本理顕との協働の中で意識している「建物の特徴を強く表す照明計画」というものは、今回の建物の持つ強い存在感によって、夜間、過剰な存在感を放つ可能性があった。とはいえ、民間の大学施設であり、地下鉄駅もある。さらには地上部の見世での賑わいを誘発するためには周囲に対して、決して華美にはならずに一定以上の存在感を照明によって演出する必要があるとも考えた。そこまでの想像はしたものの、実際のスケールと自分の感覚を合わせるのに苦労した。実際、当初こちらで提案した内容は、4本のコアの格子壁とカーテンウォールの間に照明を設置し、コアを内照させることで4本脚を軽く見せようとしたことや、4階の軒天井を4階スラブに埋め込むアッパーライトで均質に照らし上げることと、地上部の軒下空間をポール灯で軒天井面を強く照らした反射光で満たすことで4

階から上を軽く見せようとしたことなど、どれも実際に完成していたら過剰な演出になっていた可能性が高い。現場が始まりさまざまな調整を繰り返しながら、それらの過剰な演出になりかねなかった要素を現場担当者との打合せを繰り返しながら丁寧に削っていって、最終的に現在の照明計画が出来上がった。大学施設は性格上、均質かつ明るい空間によって構成される。そのことは考え方を変えれば、内部空間自体が巨大な光源装置と考えることもできる。内部の活動に必要な光が、そのまま外部に漏れ出た状態が建物自体のライトアップになり、外観だけでなく内部の活動も含めて建物の特徴を強く表現することになる。実際、4階から上の空間も屋内天井照明の反射光で軒先まで光が回り十分に軽く感じられるし、4本のコアも内部空間の光を格子壁がほどよく遮蔽し、どちらも当然の在り様がそのまま建物の特徴を強く表し、そのままライトアップとなっている。また、演出のための照明を用いていないことは、周囲との関係にも良好に作用すると想像する。地上部でも同様に、見世の内部の光と軒先の光によって明るさを確保し、補助としてポール灯を加えた構成は実際の街路のようでもあり、賑わう気配を感じることができる。この施設全体を通して、無理なく必要なものを必要なだけ設置した照明計画となっていることで、周囲の人びとに自然と受け入れられ賑わうことを期待している。

南側夜景

安東陽子　TEXTILE

安東陽子デザイン　　テキスタイル

山本さんは普段から「建築をつくることは思想が大事」とおっしゃっていました。私は構想の早い段階でそのようなお話を聞く機会をいただき、大学組織の再編成とそれに伴うロゴマークのデザインなどと併走しながらカーテンのデザインができたと思っています。

2020年のコース再編成で、山本さんは、芸術の世界を理念にしたがって五つの領域に分けました。そのそれぞれに、丸・三角・四角・プラス・イコールを配置すると同時に、全体で一つのロゴマークとなるように構成しています。カーテンでもこのような空間を表現し、機能を含めたディテールのデザインとともに、全体としての収まりを考えました。

4階スタジオのプレゼンテーションボックスには異なる機能を持つ2種類のカーテンをデザイン・製作しました。特に、それぞれが違う機能を持ちながら同じイメージを共有できるように製作の技法によって工夫をしています。

遮光性の機能を持つカーテンについては、プリント面を調整し、裏側にもパターンが滲むことで、不透明な生地でも、裏と表の両方に表情があります。空間に色付けすることも意識しつつ、水色と蛍光に近い黄色を採用しましたが、あくまで空間に溶け込み、建築の素材に色が映る時に、美しく光を反射してなじむことを期待しました。部分的に透明で光が抜けるカーテンには、複数の糸で織られたポリエステル素材の生地を採用し、1種類の糸のみを溶かす特殊な染色加工により、ランダムに配置された丸・三角・四角の図形をつくりました。さらに、その中にプラス・イコールの記号を重ねてプリントすることで、領域が融合する様子を表現しました。このデザインは学内の「各領域が互いに刺激しあうことで新たなデザインを生み出す可能性」という、山本理顕さんが設計と共に考えられた「領域」についてのコンセプトに沿って考えました。

プレゼンテーションボックス

カーテンの模様の光が落ちる

福地智子　ACOUSTICS

永田音響設計　音響

ホールは、四方の壁がメッシュパネルで覆われた、見た目はまさに四角い箱で、音響的な工夫がなにもないように見える。しかし、実はこのメッシュパネルの裏側に音響の秘密が隠されているのだ。メッシュの間から裏側を覗くと壁がデコボコしているのがわかる。この凹凸は、ホールの音響条件を好ましいものとするために設置したもので、その角度や寸法は、ホール内に音が満遍なく響くように、コンピュータシミュレーションによって決めている。

もちろん、具体的な形状は山本理顕設計工場で検討しているので、意匠的にも音響的にも納得いくまで何度もやり取りした。表面のメッシュパネルは音響的に透明になるように、すなわち音の伝搬を阻害しないように、開口率の大きなものとしてもらった。ただ、これによって裏側の平滑な面からの反射音、特に高音域の反射音を和らげる効果も期待でき、優しい響きをつくり出すのに一役買っていると考えている。

ホールとしては、舞台をアートストリート側に設置するエンドステージ型の利用をメインとしているが、平土間なので演ずる場所や椅子を自由に配置してさまざまな用途の利用が可能である。例えば、室中央で演奏やダンスを行い、それをグルっと取り囲むように椅子を配置して聴いたり見たりするような利用も可能である。天井高さが約10mと、この規模としては高めなので、ピアノやバイオリン、歌などの生音の演奏も余裕のある響きで楽しむことができる。

このホールの大きな特徴は、東西の壁が開放されることである。いずれもガラス戸にしたり開放したりすることができるので、ホールで演じている様子を外から見ることもできるし、通り抜けるような演出も可能である。

しかし、通常は壁を閉じた閉空間としての利用が多いと思われるので、そのような場合には周辺との遮音が不可欠となる。そこで、遮音性能確保のためにガラス戸と移動間仕切りを二重に設置した。また、ホール上階のスタジオは学生の主な活動の場でもあるので、遮音はもとより、歩行音などがホールへ影響しないように、ホール上部は浮き床とした。さらに、空調騒音もホールの音響条件としては大切な要素である。用途に適した静けさを得るために、消音エルボ等の設置や遮音壁を貫通するダクトの遮音処理などを十分に行った。

式典や講演会、コンサート、そして展示会など幅広い催し物に対応できるホールである。新しい発想で、このホールを使い倒してもらえると嬉しい。

反射吸音板施工風景

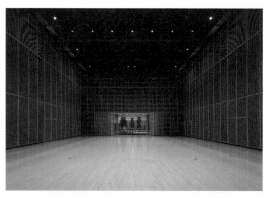

ホール内観 西面の開口を開けるとアートストリートとつながる

原 游　ART ACTIVITIES

名古屋造形大学 准教授　芸術活動

私は映像文学領域に所属しています。教室で展示をしますが、4階には壁がありません。自動的に壁に展示できないので、作品と同時に展示の仕方を考えることが必須になります。今は街中や廃屋での展示も多いので勉強になります。壁がないので、他の授業も見えますし、人の往来、話し声も聞こえます。講評では、大きな作品を梁から吊るすという学生が出ました。初めてのことなので、様々な許可を取り、学生が高所作業台で展示しました。4×4mのエイがアートプラザに出現すると、まるで町の広場にいるようでした。昔、どんど焼きの出現で空き地がお祭り会場に変わったように。作品が展開して初めて広場を思いました。新キャンパスのお披露

目イベントでは、郵便システムを使った参加型のワークショップをアートストリートの見世で行いました。アートストリートにオリジナルデザインのオレンジ色のポストを置いてみると、そこは街の一角のポストオフィスのようになりました。ここは、何を置くかで様子がガラリと変わる実験の場所です。比べると、以前の校舎は、授業中に自分の居場所以外の場所、人への想像力を遮断することを要請していた空間だったと感じます。新キャンパスでは、自分の中に籠もって制作するアーティストではなく、自分の作品を通して人と交流し、専門外のことにも興味を持って進んでいくアーティストという明確な指針が、空間によって示されたと思っています。

アートプラザでの展示（柴田涼雅「オオヒカリエイ」）

既存の黒板サインを使った展示（佐久間太一「シン領域」）

キャットウォークを使った展示（細野愛理「むしくい」）

4

CONSTRUCTION PROCESS

建設プロセス

GENERAL CONTRACTOR SELECTION PROCESS

施工者選定のプロセス　　蜂屋景二　玉田誠

2018年4月、山本理顕が学長になり、大学のカリキュラム・教育体制の再編・改革をリードすることになった。計画用地の取得前であったが、2022年4月の移転開学をターゲットに基本設計がスタートした。山本さんが学長かつ理事になったことから、大学の法人事務局との直接的な対応を山本さんの代理として蜂屋・玉田が担うことになった。そのころから新聞にも名古屋造形大学の名城二丁目の官舎跡地への移転計画について報道がされるようになっていた。ゼネコンの営業担当から大学や法人事務局、設計事務所への問合せが少しずつ始まった。学長であり設計者である山本さんへの面会希望もあったが、理事である山本さんが応じるべきでないとして、必ず私が名古屋市内にある法人事務局で対応することにした。

2018年12月、用地取得が確定し、理事長と学長による移転計画についての記者会見が報道されると、ゼネコン営業部からの問合せが本格化した。営業対応についての方針を、法人事務局の職員と確認した。施工者選定が公正に行われていることが誰もが判るようにすること、技術力・競争力を働かせてコストを納めること、工期が守れる施工計画の立案を設計事務所のリードによって作成したうえで入札に臨んでもらうこと、である。問合せのあったゼネコン営業部とは全社、法人事務局で面会をした。そして計画建物だけでなく、山本さんのこれまでの活動実績―原広司研究室における集落調査から初期の住宅作品、岩出山中学校にはじまる学校建築、埼玉県立大学にはじまるPC建築、Y-GSAでの教育活動と地域社会圏という思想―を著書の紹介を交えて行った。この時点で、営業の本気度がはっきりと分かれた。報道で知ってとりあえずコンタクトをとってきた会社、名古屋の新しいシンボルとなる建築を手掛けたいという意気込みをあらわす会社、にである。山本さんの著書を読んで意見や感想を述べる担当もいたし、東別院で開催された学長としての演劇プロジェクト「世界・都市・三間四方」に来場する人もいた。

2019年2月、意気込みを示してくれたゼネコン6社に対して、基本設計段階の図面を提示して概算見積を依頼した。多くの会社は最初、戸惑ったようだった。概算金額が高いと入札に参加できないのではないか、と思ったようである。主旨は施工計画の立案によって建築のコスト・工期に達することへの検討、それらの内容の設計へのフィードバックによって、コスト・工期をターゲットへ導くことであることを伝えた。最初は、半信半疑だったのだと思う。私たちは依頼があれば説明のために法人事務局に出向き、移転準備室職員と共に説明を繰り返した。その真意は伝わっていった。全社が本気であることが確認でき、私たち設計事務所を信頼してくれていることを確認できた。

施工計画のポイントは二つあった。地下鉄直上での建方計画、格子壁の製作と建方である。施工計画の立案にあたっては、山本理顕設計工場が手掛けた建築設計の考え方を最大限利用してもらえるように資料を提示して説明をした。特にPCについては、「埼玉県立大学（『建築技術』1999年8月号）」以降、「はこだて未来大学（同2000年10月号）」、「東雲キャナルコートCODAN」、「福生市役所（同2008年11月号）」などに加えて、当時チューリッヒで進行していた「The Circle at Zurich Airport」の施工中の写真や図面などの資料も提示してさまざまな可能性を探った。

実は、名古屋造形大学でのプロジェクトの進め方は、「The Circle at Zurich Airport」から学んだところが大きい。設計契約に先立ってリードアーキテクト・アグリーメントを交わしたのもチューリッヒのプロジェクトにならっている。リードアーキテクト・アグリーメントはプロジェクトを通して建築主と設計者が共有するミッションの確認と著作権の保障、プロジェクトの途中段階で行われるフェーズごとの契約を約束するものであり、事業の規模やスケジュールが最初から確定できず、途中段階で変更が起きる可能性が高いプロジェクトの場合に有効であった。「名古屋造形大学」でも

「The Circle」においても、まずこのリードアーキテクト・アグリーメントを交わしたうえで、フェーズごとに設計契約が交わされている。

施工者選定において、ワークショップ形式が採られたのもチューリッヒのプロジェクトに倣っている。「The Circle」ではローカル・アーキテクト、ローカル・エンジニアとともに施工候補者からの提案について意見交換を繰り返した。私たちは実際に手掛けた作品を重視して、施工候補者が手掛けたスイス国内の建築を山本さん自身が見てまわり、「The Circle」との類似性や施工のクオリティをレポートにまとめて説明した。「The Circle at Zurich Airport」では設計者の選定においても、書類選考・設計提案1次審査を通過した設計者とワークショップをしていて、提案内容はもちろんのことプロジェクトをリードしていける資質、コンセプトの強さ、柔軟な提案能力、コミュニケーション能力が試されている。

話を名古屋に戻す。地下鉄名城線の直上での建方計画には、施工候補者それぞれの提案があって、一つとして同じものがなかった。すべての提案が設計者の意図を最大限汲もうとしてくれたものであり、一方で基本設計案のそのままの実現は困難であることを示し、設計のアップデートを求めるものであった。特にオールPCでの計画は、クレーンに対する負担が大きくなり、コスト・工期への影響も大きくなった。各社の提案が異なっていて、どれがゴールにたどり着くのかわからない。私たち設計事務所もそれぞれの提案に真剣に付き合うことになる。部材の一部をプレキャストのSRCとしたり、試行錯誤が続いた。あるとき施工候補者のエンジニアが、これはまずはいったん鉄骨でフレームを成立させることをすべきなのではないか、とコメントした。以前のプロジェクトでの設計の進め方であれば、オールPCのコンセプトから大きく外れるこの発言は一蹴されていたと思う。しかし私たちは、そのエンジニアの発言を素直に受け止めた。ワークショップ形式での選定を通して、互いに信頼関係が生まれていた。そして、このコメントのフィードバックはデザイン的にも構造的にも本プロジェクトでの合理的な表現を導き出すことになった。

施工候補者は各社国内で知られたゼネコンであったが、実際に手掛けた建築の視察は丁寧に行った。全国区のスーパーゼネコンといっても、地方や支店ごとにカラーがある。また、現場代理人や工事・工務・生産設計を担当する主任によることも大きい。東海4県での各社の実績はもちろん、特殊な構法の事例を見るために北陸・東北地方の実績を訪れたり、それらの現場担当者へのヒアリングを行った。

2019年11月、各社についてそれぞれ3件以上の作品を見てまわってレポートにまとめた。そのレポートを法人の常任理事による実行委員会で説明して、入札参加業者を確定した。見積期間中も、ワークショップは定期的に、各社均等に行われるようにした。開札が行われた直後にも、すべての施工候補者に施工計画のプレゼンテーションを行ってもらった。これには山本理顕設計工場だけではなく、法人事務局の職員、Arupのエンジニアも加わった。

ヒアリングは細部にわたった。それは、工期の確実性とさらなる減額の可能性についてのミーティングになった。候補者はコスト・工期的に実現が可能だと思われる2社に絞られた。技術力の高さとコスト・工期での実現性が比例したことは幸運であった。技術検討がされればされるほどコスト・工期も詰められたのは必然だったのだと思う。

2020年3月、施工者に大林組が選定された。次点とは僅差であったが、施工者選定期間を通じて技術検討に参加したエンジニアが現場に常駐するという、異例の施工体制を組んでくれたことが大きかった。そして2020年4月、このプロジェクトはリアライゼーションフェーズに移行し、現場に引き継がれた。

（蜂屋景二／山本理顕設計工場 元所員）

TECHNOLOGY
技術提案

1

CRAWLER CRANE PROPOSAL

クローラークレーン案

数スパンごとに地組みしたトラスを、ベント（仮設支柱）の上にクローラークレーンで組み立てる案である。クローラークレーンは自由に移動できるので、工程の調整やその他工事との施工サイクルを確立しやすいといえる。参加者の中で2社より提案があり、選定された大林組もこの案であった。

2社で共通した提案が2点ある。一つ目は、ジャッキダウンのタイミングをコンクリートスラブ打設前とすることである。利点は、ベントが負担する荷重を低減させ、ベント部材のサイズダウンが可能となること（コスト減）。ベントの早期解体によって、次に来る見世の施工に移行できること（工期短縮）。スラブ打設後のジャッキダウンによって、生じるスラブのクラックの抑制ができること（品質向上）である。

二つ目は、エリアごとにジャッキダウンを行うことである。利点は、ジャッキダウンの同調数が減り、機材の配

管を削減できること（コスト減）。ジャッキダウン完了エリアから次工程を開始することができること（工期短縮）であった。これら二つの提案は部分応力や架構への影響、必要仮設の算出のための施工時解析が必要となることが前提であり、2社とも事前解析によって問題ないことを確認していた。

2社で相違があったのが、地組みでまとめるトラスのスパン数であった。地組みトラスのスパン数を増やすとク

※ジャッキダウン
「トラス鉄骨」建方時、土台としてベント（仮設支柱）が必要であり、「ベント」の先端には、油圧ジャッキを設置し所定の高さに「トラス鉄骨」を固定する。「トラス鉄骨」の組立が完了した後、ジャッキを下げて、「トラス鉄骨」と「ベント」の縁を切る作業のことを「ジャッキダウン」と呼ぶ。

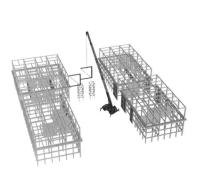

1.ベント組み立て・トラス鉄骨建方

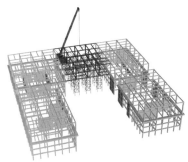

2.（北側）トラス鉄骨建方完了

3.（北側）ジャッキダウン、（南側）トラス鉄骨建方

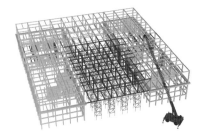

4.（南側）トラス鉄骨建方完了

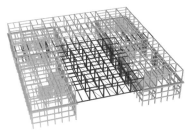

5.（南側）ジャッキダウン

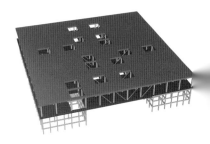

6. 4階・屋上階 コンクリート打設

ローラークレーンは大きくなるがベントの数が減り、地上での溶接・組立作業が増えるため、精度の確保ができる。スパン数を少なくするとベント数が増えるがクローラークレーンは小さくなり、地組みと建方後の4階の溶接・組立作業が並行できるため、地組みヤードが効率的に使用することができる。地組みの考え方によってコスト・工期・精度のバランスが変わるのである。
また、工場製作でのピースのつくり方にも大きな違いがあった。一つ目は柱と仕口を一体で工場製作し、梁と斜材は現場で接合する案である。部材強度の高い柱・梁と強度の弱い斜材を明確に分けるため、工場での施工と輸送が容易であるが、斜材は難易度の高い現場突合せ溶接となる。対して、斜材と仕口を一体で工場製作し、柱と梁を現場で接合する案である。こちらは工場での製作と輸送が難しくなるが、難関である斜材の現場溶接をなくせることが大きな特徴であった。
現場で実施されたのは、建方スパン数が1スパンで、工場製作が柱・仕口一体の案である。4階での溶接・組立は難関工事であったが、綿密な計画と腕の確かな職人の手によって美しく組み上がった。

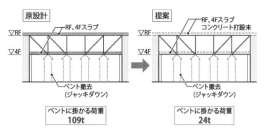

ジャッキダウンのタイミングをスラブ打設前とする

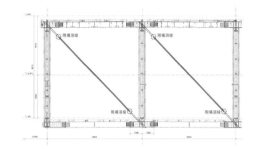

実施案（工場製作範囲）：柱と仕口を一体化

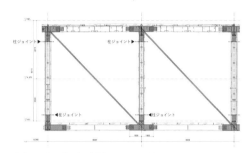

別案（工場製作範囲）：斜材と仕口を一体化

	全ベント案		ベント1列案	ベントなし案
重機配置				
	西：クローラー1台(350t) 東：クローラー1台(350t)		西：クローラー1台(600t) 東：クローラー1台(650t)	西：クローラー1台(200t) 東：クローラー1台(1,250t)
コスト(重機)	1.0		2.0	2.5
ベント配置 地組みブロック				
	・ベント4列配置 ・トラス1ブロック地組み		・ベント1列配置 ・トラス3ブロック地組み	・ベントなし ・トラス5ブロック地組み
コスト(ベント)	1.0		0.5	0
工期	1.0		1.0	1.1
鉄道への影響	○		△	◎
評価	○	採用	△	X

地組みトラスのスパン数とクローラークレーン、ベントの比較図

TECHNOLOGY
技術提案

2

TOWER CRANE PROPOSAL

タワークレーン案

トラス梁を組み立てる前に4階床コンクリートを打設し、88×88mの大きな作業床を構築する案である。施工難易度の高いトラスの建方を広い床面で行うことができるため、安全性・品質向上ができる。また、タワークレーンを各棟に設置することで敷地外周部を最大限利用でき、エリアごとに工事を進めることができる計画となっている。建築の特徴である4階スタジオの大面積の床を最大限利用できる非常に合理的な施工案であった。

課題点としては、コンクリート打設後に全面ジャッキダウンとなるため、ベントの数量が多く、すべて撤去されるまで次の工程に移れないこと、タワークレーン解体後の仮設開口を塞ぐのに時間を要することであった。

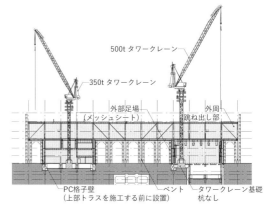

タワークレーン案の仮設断面図

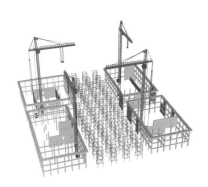

1. タワークレーンとベント設置

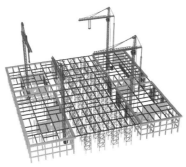

2. トラス下弦材組み立て

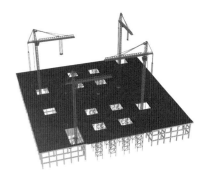

3. 4階コンクリート打設

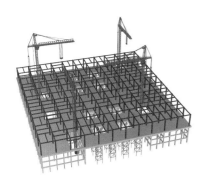

4. トラス建方完了

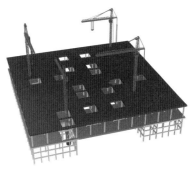

5. 屋上階コンクリート打設後、ジャッキダウン

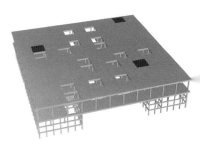

6. タワークレーン解体後、開口部のコンクリート打設

SLIDE METHOD PROPOSAL

スライド工法案

アートストリート中央の4階レベルに建方用構台とベントを設置し、トラスを2スパンごとに建方後、その場でジャッキダウンを行い、所定の位置へスライドさせる案である。競技場などの大空間を施工する際に採用される工法である。同じ位置でトラスのジャッキダウンを行うため、ベントを最小限とすることができ、建方用の揚重機も軽減できる。また、トラス工事とその直下のアートストリートの工事を平行して行えるため、工期短縮ができることが、最大の特徴である。

しかし、スライドのための油圧ウインチやスライドレールなどの仮設が必要となること、スライド時の架構への影響を考慮した補強が必要となること、スライド後に所定の位置へ据え付けするためのジャッキダウンが必要となる点が課題であった。

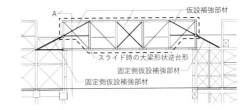

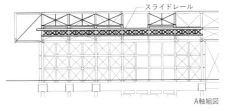

スライド工法案の仮設断面図

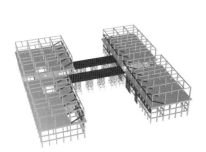

1. レール、構台組み立て

2. トラス鉄骨建方

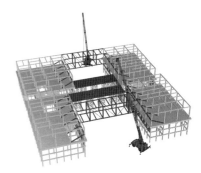

3. ジャッキダウン後スライド

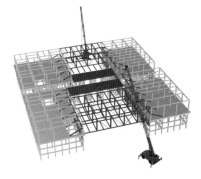

4. ジャッキダウン後スライド

5. トラス鉄骨建方完了

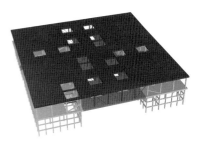

6. 4階・屋上階コンクリート打設

5

CONSTRUCTION TECHNOLOGY

施工技術

CREATING ARCHIECTURE

建築を「つくる」ということ

玉田誠 / 山本理顕設計工場

プログラムが先か？ 建築空間が先か？

設計を本格的に開始した2018年4月、山本理顕が学長に就任した。コンセプトデザインを2016年から継続していたため、設計者が大学学長としてもこの建築に関わると形となった。そこから教育理念から空間の思想まで一貫して、新しい大学をつくることが始まった。

すぐに教職員たちと話し合いを始めた。専門分野ごとに分かれていた九コースから大きな芸術理念を共有する五つの領域にカリキュラムを再編する。五領域は個別の教室に分かれるのではなく、巨大なワンルームのスタジオで相互に関係しながら創作活動を行う。スタジオの下には半屋外のアートストリートと、大学の活動を地域へ発表する見世が配置される。これらは設計者＋教授会で構成された新キャンパス検討組織である「プロジェクト会議」の初回で設計者から提案し、参加者全員で話し合った内容である。この大きなイメージは、建築の完成まで一貫して共有されることとなった。

スタジオ空間をどのように使うのかが議論の中心であった。それまで教室型のキャンパスを使い慣れているのが、ワンルームの巨大空間となるのだから当然である。スタジオ空間を8×8mモデュールで統一し、それを基準に使い方や運営ルールの検討を進めていった。8×8mだと机12台で36人の授業ができ、ちょうど小講義室くらいのスペースである。授業によってはそれだけでは足りないが数スパンつなげれば問題ない。場合によってはプロジェクトスペースやレクチャーの会場として使うこともできる。または大きくつなげて展覧会の会場にもできる。ひとつながりの空間であれば様々な使い方に発展できるということを、実際にスタジオを使う教員たちと見付けていった。

音や光をコントロールできるプレゼンテーションボックスをスタジオ中央に設け、アートプラザに対して開いて一体利用もできるようにし、その上部を中庭とすることで明かり取りになり、スタジオ全体が明るくなった。下階のファクトリーを頻繁に使う必要がある領域もあっ

たので吹抜けでスタジオとつなげて、螺旋階段で行き来できるようにした。これによってファクトリーもスタジオの一部としてシェアリングするアイデアにつながった。教員たちの居場所についても話し合った。扱うマテリアルや授業の方法によって、学生たちの中だったり、ファクトリーだったりとフレキシブルであることがわかった。そこで教員の個室研究室はつくらないでスタジオオフィスに教員たちのデスクを集め、ここもシェアリングすることにし、使い方によって机の数や時期が変動できるように考えた。ワンルームの空間だからこそ、授業の方法や制作する作品によって場所を選んだり、空間を組み合わせたりと臨機応変に使えることが重要であり、それがスタジオ空間に多様な場所を生み出すことになると考えた。

スタジオでの授業や創作活動を支えるための家具として「スタジオツール」を考えた。作業をするためのテーブル、芸大特有のハードさに耐えられるチェア、材料や制作途中の作品を収納するための作品棚である。そしてそれを全体で共通のデザインとした。それは各領域の学生数や使い方が変化しても全体をうまくシェアリングできるようにするためである。

現場に入ってからも教職員たちとの対話・検証は続けられた。スタジオテーブルを実際につくり、サイズや配置を確認するとともに使い方を検討した。サイズは当初900×1,800mmとしていたが、一つの机に固定して作業するよりも、動き回ったり、集まったりすることが多いため、750×1,800mmとしてスタジオ内を動きやすい計画とした。間仕切りのないスタジオでどのように場所を認識するかが課題だった。天井から吊るした大きな領域のサインとトイレやEVが入るコアの壁に大きなコアサインを設置し、大まかな位置を示すことにした。それに加えて全体は教員を中心としたスタジオ制で運営されるので、教員の顔をサイン化し、フラッグのように掲げることで、自分がどのスタジオに属するかわかりやすくした。また、スタジオのスパンごとにアドレスを割り

振り、全体のマネージメントを行うことにした。そのアドレスはまちの住所プレートのように各柱に番地サインとして表示することにした。

結局、教職員たちとの「プロジェクト会議」は竣工直前の2021年12月まで続いた。それは建築とプログラムの関係を変えていく作業だった。プログラムがあって、それを建築で実現していくのではなく、建築をつくることでプログラムの幅を広げていくような作業であったと思う。

設計と施工の横断

設計途中に施工候補者に情報を開示し、ヒアリングを行った。ある技術者からプレストレストが多く、手順が複雑になること、鉄骨内臓型のPC躯体が多く、揚重機が大型化し、仮設コストが増えることが指摘された。

そこで建築の実現へ向けて、構造計画の見直しを行うことにした。プレストレストをできるだけ減らし（最終的にはゼロとした）、さらにPCから現場打ちRCへ、または鉄骨に変更することを検討していった。外周部の格子壁は、その繊細さからPC＋鉄板の構成以外はありえなかった。格子壁の内側の外周部柱梁は、現場打ちRCとし、小梁は鉄骨として軽量化した。4階の外周部の柱・梁はピン接合とする必要があったので、SPCか鉄骨の選択肢があったが、鉄骨にしてしまうと耐火被覆＋仕上げとなり、屋外の独立柱・梁としては性能と美しさが担保できないと判断しSPCとした。中央トラスの梁も当初はSPCであったが、大スパンを飛ばすために部材断面が大きくなり、重量が増え、揚重機が大きくなるなど無理が生じることがわかり、鉄骨＋耐火被覆＋デッキプレート仕上げとした。それぞれの検討は、ときには施工者にヒアリングを行いながら進めた。設計と施工の両面の視点から検討することで、コスト・工期を目標に納めるとともに、デザイン意図を守りつつ合理的な建築とすることを目指した。

施工者が大林組に決定した。すぐに、キックオフミーティングを行った。従来の現場ではこのタイミングで現場担当者と初めて顔合わせとなることが多く、設計内容について一から説明することになり、設計・見積時と大きな分断が生じることが多い。しかし今回は、設計時のヒアリングから打合せを重ねた技術検討責任者が、この建築のために部署を移動し、現場副所長としてメインの担当に就いてくれることになった。どのような建築であるか、何が重要なポイントなのか、どこが施工の難所なのか理解したうえのスタートであった。

キックオフミーティングの次の日から、建築・構造・設備の分科会を毎週行った。構造・設備・音響計画について大林組の担当者だけでなく、職人を含めて勉強会も開催した。建築の思想を、実際につくる人たちにも理解してもらいたいという想いであった。現場はすぐにその意図を理解してくれ、「どのようにしたら、より良い建築になるか」ということをみんなで議論していった。

格子壁が一番の難関であった。工事着工後、杭工事が始まる前に格子壁のモックアップがつくられた。しかし、型枠と鋼板の隙間からノロが漏れ、型枠を外す時に角が欠けてしまうことがわかった。すぐに改善方法の検討を行い、何度もモックアップで確認した。鉄板とPCに3mmのチリをつけ、型枠抜き用のテーパー角度を調整し、型枠脱型のタイミングを調整することで解決できた。その後も、乾燥による反りを抑えるためのストック方法や合計6,300ヵ所にもなる現場ジョイントの施工方法、格子壁と本体躯体との接合部の改良など、設計・施工で意見を出し合いながら進めていった。施工中に格子壁の現場ジョイントの鉄筋溶接によって、微細ではあるがクラックが発生した。原因は溶接による鉄筋収縮であった。すぐさま対策を検討し、溶接時の鉄筋治具によってプレテンションをかけることで解決された。実際に溶接していた職人によるアイデアであった。

さまざまな工夫と共につくられた大量のモックアップが非常に有効であった。天井ルーバー、SRC柱、手すり、床輻射冷暖房システム、軒天デッキプレート、スチールカーテンウォールなど多岐にわたった。仕上がりや施工性の最終確認のためだけでなく、そこから検討して、ときには模型でスタディするようにモックアップを改造していった。設計者と施工者で建築全体に対する考え方を強化し、それに合ったディテールをつくっていくような作業であったと思う。

建築をつくるということ

山本の思想と教職員たちとの話し合いから始まったプロジェクトは多くの人の協働によって実現された。教育の理念と建築設計そして施工までが極めて深い関係を結べたのではないかと思う。それは教育システムやプログラムが先にあって、設計者はそれに従い設計し、施工者はその図面に従い施工する。という建築をつくるうえで従来まで当たり前とされている間違ったヒエラルキーを打ち崩し、教育・設計・施工を同時に考え、それぞれの領域を横断することで実現できたことである。それが建築を「つくること（Materialization）」の本質的な意味である。

プロセス年表

2016-2017
基本計画
2月20日：山本理顕が名古屋造形大学卒業制作展にゲストとして参加。講演会「建築をつくることは未来をつくること」を行う

3月5日：同朋学園が移転計画への協力依頼のため、山本理顕設計工場を訪れる

4月8日：第1回コンセプトデザイン打合せ

11月30日：コンセプトデザインをまとめる★1

2018
3月3日：公開シンポジウム「美しい都市は住みやすい都市である」開催

4月1日：山本理顕が名古屋造形大学学長に就任

基本設計
4月1日：基本設計開始

6月20日：大学カリキュラムの変更。九コースから五領域へ

7月4日：4階を巨大なワンルーム「スタジオ」とする案が出てくる★2

7月11日：第1回プロジェクト会議★3

8月13日：Arup構造チーム、設備チームと第1回打合せ

9月3日：耐震要素として格子壁のアイデアを思い付く

9月20日：スタジオは床輻射冷暖房による居住域空調とすることが決定

10月24日〜11月2日：ナント建築大学、デルフト工科大学などの事例調査★4

11月27日：名城公園の用地取得が決定

12月6日：移転計画について記者会見

2019
1月17日：プロジェクト会議、基本設計の方針を固める

1月23、24日：施工候補者にヒアリングおよび概算見積の依頼

2月20日：施工候補者による概算見積の受領。設計概算見積と+10〜−10%の誤差で推移

実施設計
4月1日：実施設計の開始

4月22日：Arup構造打合せ。トラス層の考え方を一新★5

8月29日：施工候補者に課題と施工方法についてヒアリング

11月27日：施工候補者へ図渡し

12月23日：施工候補者より技術提案書の提出

★1

★2

★3

★4

★5　　　　　　　　　　変更前　　　　　　　　　　変更後

★1 用地取得のためのコンセプトデザインを、山本理顕設計工場リードのもと進めた。「地域と共に歩む大学」をコンセプトに、各分野のコースと木工室や金工室などの工房が、南北100m、地下1階、地上4階のリニアな吹抜けに面して雛壇上に重なっている空間を提案した。各分野が横断的な制作活動をする新しい都市型の芸大をイメージした。

★2 山本理顕が学長に就任し、現行の専門分野からなるアトリエ制の「九コース」から大きな概念を共有するスタジオ制の「五領域」へカリキュラムの改革が行われることが決まる。領域は独立したものではなく、相互に関係する。その考え方により、大屋根全体を巨大なワンルーム=スタジオとするアイデアが出てくる。1,000人の学生や教員が自由に集まり、対話し、作品をつくる自由な空間である。

★3 大学の教授会、学園の移転準備室、設計者で組織されたプロジェクト会議で新キャンパスの検討を進めた。使い方や建築空間、ときには教育思想まで議論していった。工事着工後も続けられ、建物竣工直前の2021年12月まで行われた。まったく新しい大学となるため、実際の空間を確認しながら丁寧に進めていった。

★4 スタジオにシェアリングシステムを導入するにあたって、デルフト工科大学建築学科を調査した。校舎は学生数に対して圧倒的にスペースが足りず、学生および教員のスペースをフリーアドレス化することで、少ないスペースでも大学の運営を可能にしていた。各机には番号が割り振られており、各授業は何番テーブルで行うと表示される。ICTを利用して空間のマネジメントが行われていた。

★5 地下鉄上は最大40mスパンの橋のようになる。基本設計までは斜材が障害になることを心配して、中4階から上でトラス層を形成する案で進めていたが、トラス層から4階の床を吊る形になるため構造が非常に複雑な構成になっていた。そこで4階床から屋上階まで斜材を通し、トラス層自体をスタジオ空間とすることにした。実際に原寸の模型をつくり、その存在感や使い勝手について確認していった。

★6 1体目の格子壁モックアップ。施工者、設計者にとっても初めてのチャレンジとなるため、現場着工後すぐに検証を開始した。型枠と鋼板の隙間からノロが漏れ、型枠を外す時に角が欠けてしまった。鉄板とPCに3mmのチリをつけ、型枠抜き用のテーパー角度を調整し、型枠脱型のタイミングを調整することで解決できた。

2020

2月3日：施工候補者より見積書提出。5社から2社へ絞る。ヒアリングへ

2月3日：ダイヤモンドプリンセス号で新型コロナウイルスの集団感染が発生

2月7日：山本理顕設計工場より金額調整のための減額案を提示

2月26日：2社より再見積の提出

3月13日：大林組名古屋支店に施工者を決定

工事

4月7日：1回目新型コロナウイルス緊急事態宣言。現場はコロナ対策に追われ、打合せもwebミーティングを多用した。施工者の努力と工夫により一度も工事は止まらなかった

4月15日：第1回定例会議 合計65回の定例会議を行う

4月27日：仮設現場事務所設置

5月8日：起工式

5月12日：設計・施工キックオフミーティング

5月18日：山留め杭（SMW）工事開始

5月21日：地下鉄のレベル測量開始

6月12日：格子壁モックアップ★6

6月15日：杭工事開始

7月1日：高強度コンクリート試験練りFc60以上の現場打ちコンクリート

7月1日：基礎大梁の配筋モックアップ製作★7

7月1日：格子壁上端部納まりを再検討

7月2日：格子壁モックアップ、テーパーの確認

7月9日：土工事掘削開始

7月29日：基礎躯体工事開始

8月5日：現場打ち高強度コンクリートのコン止め方法モックアップ

8月19日：格子壁実物大実験1

9月8日：格子壁実物大実験2

9月9日：格子壁脚部鉄骨製品検査

9月17日：格子壁実物大実験3★8

9月24日：1階躯体工事開始

10月8日：トラス鉄骨原寸大模型検査★9

10月15日：格子壁のPC製品検査

10月28日：打放しRCモックアップ

11月5日：格子壁現場JOINT部モックアップ★10

11月10日：RCピン接合鉄骨製品検査

11月13日：2階躯体工事開始

11月20日：格子壁1体目現場搬入

11月25日：建築基準法による中間検査

11月30日：トラス鉄骨者技量負荷試験★11

★6

★7

★8　★9

★10　★11

★7 通常はつくらないが、杭頭、格子壁鉄骨、SMW、ツインコラムなどさまざまな取り合いがでてくるため、施工性を確認した。特に格子壁の施工は基礎配筋から約7か月後の施工になるため、配筋の段階で検討する事項も多かった。実際に格子壁鋼板と基礎梁STPが干渉することがわかり、配筋径とピッチの調整を行った。また格子壁接合部のHTBの施工空間確保のため打設範囲の調整を行った。

★8 格子壁の性能を確認するため、実物大モックアップの加力試験を大林組技術研究所で行った。着工後すぐに実験の分科会を開始し、4カ月という短期間で実験にこぎつけた。構造耐力が担保されていることのほかに、地震時に発生したRCクラックが鋼板の復元力により塞がるということもわかった。

★9 トラス接合部は極厚の鋼板が溶接によって組み上げられる、難関ポイントの一つであった。原寸大模型で納まり、組立手順、溶接方法、UT検査方法を確認していった。構造の応力伝達経路やそれぞれの部材の役割について、一つずつ共有していくことで、どこが重要なポイントか設計者、施工者、検査員まで理解し、それぞれの分野から改良方法の提案をしていった。

★10 全体で6,300カ所になるため、事前の検証が必須だった。鉄板の溶接方法、裏当の種類、G仕上げの仕上がり、鉄筋のCB溶接、型枠の形状、ノロ止め方法、RC打設方法、撥水剤の色など検証と改良を重ねていった。特にRCの打設方法は何度も改良を重ね、納得のいく形になるまで続けた。

★11 斜材は厚さ100mmのTMCP440材で、実績も少なかったため、溶接の性能確保ができるか確認するための試験を行った。溶接による曲がりが出ることがわかり、溶接手順と計測用治具の製作をすることになった。また、フラットな仕上がりを目指すため、G仕上げの管理基準の設定とエンドタブ形状の改良を行った。非常に難易度が高く、試験は合計6回に及び、最終的な受験者14名中9名が合格となった。

12月2日：鉄骨内蔵現場打ちRC柱モックアップ、コンクリート圧入実験★12

12月9日：天井LGSルーバーモックアップ

12月17日：格子壁角部柱PC製品検査

12月18日：トラスBH鉄骨製品検査

12月24日：3階躯体工事開始

2021

1月8日：2回目新型コロナウイルス対策緊急事態宣言

1月20日：格子壁、PC柱、現場打ちRCの仕上げ色モックアップ★13

1月21日：家具打合せ開始

2月1日：格子壁建方開始

2月2日：手すりモックアップ★14

2月8日：格子壁鋼板の現場FP溶接開始

2月23日：3階ボイドスラブ施工開始

2月25日：格子壁鉄筋のCB溶接によってヘアクラックが発生★15

3月2日：トラス鉄骨製品検査。5月28日まで合計7回の検査を行う。全数検査

3月8日：トラス受け用ベント施工開始

3月10日：床輻射冷暖房モックアップ★16

3月25日：トラス鉄骨地組み開始

4月2日：アートストリート軒天デッキ仕上げモックアップ

4月8日：トラス鉄骨建方開始

4月14日：スチールカーテンウォールモックアップ検査★17

4月25日：3回目新型コロナウイルス対策緊急事態宣言

4月27日：4階外周部SPC柱型枠配筋検査

5月6日：鉄骨螺旋階段設置

5月10日：4階スタジオの天井吹付吸音材モックアップ

5月17日：天井LGSルーバーの点検口モックアップ

5月24日：天井LGSルーバー内にWi-Fiルーターを設置して実証実験★18

5月27日：SPC梁、塗装モックアップ

6月11日：トラスジャッキダウン開始

6月28日：見世の施工開始

★12

★13

★14

★15

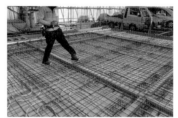
★16

★17

★12 柱外形が550×550mmに対して鉄骨柱がH-400×400mmなので、型枠内が非常に密になるのに加えて、高さが7.5mになるので、RC打設が困難になることが予想された。配筋、型枠形状の検討とRCの打設圧入試験を行った。1回目は、圧力が大きく途中で止まってしまったが、中段に圧入口を追加し、2段打ちとすることで解決した。

★13 RCの仕上げが大部分を占めるため、その表現によって建築の印象が大きく変わる。コンクリートの表情も、PCでは格子壁のコテ仕上げ、SPCの鋼製型枠仕上げ、現場打ちRCでは強度の違いや打設方法の違いによって異なった。すべて色の検証と仕上がりの検証を行い、ときには検討用の現場打ちRCの柱や壁をつくった。最終的には美術館のような大学を目指し、N95の純白で統一した。

★14 16×16mmのスチールフラットバーの縦桟が80mmピッチに並ぶ、非常に華奢な手すりであるため、納まりの確認とともに変形の確認を行った。構造解析で確認はしていたが、実感として確認することも現場では非常に大切な作業である。足元の納まりがさまざまであったため、その後もいくつかのパターンをつくった。

★15 格子壁の現場打ち部分の主筋にCB溶接を行ったところ、溶接の収縮でPC部分に微細クラックが生じることがわかった。構造耐力上は問題ないが、美しくない。すぐに対策を検討した。最終的には、溶接時の鉄筋治具によってプレテンションをかけることで解決された。実際に施工を担当している職人のアイデアだった。

★16 施工方法の確認と実証実験を行った。大きな課題であったコンクリートのクラックについて、電気配線用のダクトを4mグリッドに配置し、その部分でコンクリート同士の縁を完全に切ってしまうことで劇的に改善できた。電気ダクトの位置がわかっているので、後からコンセントの増設もできる。施工者からのアイデアだった。

★17 スタジオの大型スチールカーテンウォールのモックアップ。スタジオの外壁の大部分はこのカーテンウォールで構成されるため、大林組、文化シャッター、日本板硝子で何度も改良を重ねて、最適な納まりを検討した。最終的には、モックアップで操作性、安全性、シールの位置など確認・調整を行った。

7月8日：鉄骨吊階段製品検査

7月12日：4回目新型コロナウイルス対策緊急事態宣言

7月13日：4階外周部SPC建方開始

8月2日：4階スタジオサイン原寸大モックアップ確認★19

8月4日：鉄骨吊階段設置開始

8月11日：見世鉄骨製品検査

8月16日：アートストリート、中央トラス用ベント解体完了★20

8月23日：見世鉄骨建方開始

8月25日：4階天井LGSルーバー施工開始

8月31日：アートストリート天井施工開始

9月14日：4階リングダクト施工開始

9月14日：4階スチールカーテンウォール施工開始

9月28日：ライブラリー書架製品検査

10月8日：ラワン合板材料選定★21

10月21日：西面外壁足場の解体★22

11月1日：仮設事務所をギャラリー棟2階レクチャールームへ移動

11月2日：床輻射冷暖房施工開始

12月15日：木製家具製品検査

12月20日：すべての外部足場解体完了

12月21日：資材搬入用の残り外周部PC梁の施工完了。全ての躯体工事完了

2022

1月14日：見世の施工完了。ベント解体からわずか半年であった

1月15、16日：ホール、レコーディングラボの音響測定。遮音性能、残響音を計測

1月17日：消防完了検査

1月18日：建築基準法完了検査

1月19日：設計監理者完了検査

1月31日：本体工事引き渡し

2月9日：厨房設備工事引き渡し

2月14日：レクチャールームエリア引き渡し、ブラインド工事引き渡し

2月25日：AV設備工事引き渡し

2月28日：大学引越し開始

3月23日：カーテン工事引き渡し

3月25日：家具備品工事引き渡し

3月28日：学生の新キャンパスガイダンス開始

4月1日：全施設供用開始★23

★18

★19

★20

★21

★22

★23

★18 各所の照明の納まりや天井裏の配線方法、消防設備の配置、断熱材の仕上げなど関連する事項も多く、ほとんどが現しとなるため、何度もモックアップを改造しながら検討していった。Wi-Fiの電波が減衰しないか実証実験も行い、問題ないことを確認した。ルーバーの隙間からは手が入るので、配線工事も後からできる。設計と施工の協働があったからこそできた。

★19 巨大なスタジオ空間のサイン計画が大きな課題であった。大きなサインで場所を示しつつ、空間を象徴する事を提案していたが、その大きさに理解が得られなかった。そこで実寸大のサインをつくってもらい、教職員たちと確認を行った。サインが機能的な役割以上に、空間のシンボルになることが理解された。

★20 トラスは施工時解析により鉛直最大45mmのキャンバーが付けられ、それに合わせて部材もすべて調整し、すべての溶接は完了していた。ジャッキダウン開始。ここで失敗すると、取り返しのつかないことになるので非常に緊張した。ジャッキダウン実施後の変貌は、解析の数値と数mmの誤差しかなかった。ベントを解体すると、幅40m、奥行き88m、高さ12mの空間が現れた。すぐに見世の施工に取り掛かった。

★21 家具の大半はラワン合板仕上げであったが、ラワン合板は色味や仕上がりのばらつきが大きい。そこでロッカーなど大きな面として出てくる部分に限定して選定をすることになった。ウッドショックで合板が品薄の状況の中であったが、設計者もラワンを運びながら選んだ。その熱意が伝わったのか、結局ほぼすべてのラワンを選定し、その数は約365枚に及んだ。

★22 なかなか解体されなかった外部足場が残り3ヵ月でやっと解体され、大きな面の格子壁が現れた。副所長に聞くと、塗装タッチアップや清掃を繰り返し、納得行く形になるまで、次の工程に間に合うギリギリまで粘っていたとのことだった。設計時からのさまざまな奮闘を最後の最後までこだわり、つくり上げてくれたことが嬉しかった。

★23 4月1日、名古屋造形大学名城公園キャンパスとして使用が始まった。スタジオ空間やギャラリー、アートストリートなどを教職員たちや学生たちが試行錯誤しながら使っている姿があちこち見えた。一体なんの建物だろうかと周辺住民と思われる人がアートストリートに入ってきて、見世の屋上に登ったりしていた。新しいキャンパスを利用する人たちがどのように使えるか考えてくれているのが、今まで教職員たちと話してきたことが継続しているようで嬉しかった。それも一つの創造活動のようにも見えた。

CONSTRUCTION PLAN

施工計画

相原仁史 / 大林組

概算入札（2019年1月）＜着工17か月前＞

初めに見た設計図は、プレストレストコンクリートが非常に多く、上階を緊張しないと2層受けの支保工が解体できなく、下階が施工できない。50%ずつのPC緊張など難条件が多かった。

また、4階部分の構造は、鉄骨が内蔵されたPC躯体が多く、ブレースも柱の途中からPL-100×400が取り付くなど、非常に難しい納まりであった。それぞれのピースも重く、揚重機が大型化し、仮設コストが増える要素も多かった。

コスト・工期・品質などの面からも、プレストレストをなくすなど抜本的な構造計画の変更が必要と提案した。

精算入札（2019年11月）＜着工6か月前＞

私は、大林組名古屋支店の建築工事部建築生産技術課という施工計画や仮設見積を行う部署での在籍期間が長く、未受注含め1,000件以上の物件の設計図を見てきた。その経験の中で、著名な建築家のこれだけの意匠性を持った建物は、今までに見たことがなく、今後まず建たないような建物だと直感した。

このような社会的存在意義の高い建物をつくることによる大林組職員や作業員の技術的な経験値の向上、また街の日本のシンボル・スポットとなる建築物をつくり出すというスーパーゼネコンとしての使命のため、絶対に受注するという強い姿勢を会社と共有しながら入札業務を行った。

また、この精算入札時の設計図は驚いたことに我々が提案したようにプレストレストがまったくなくなっており、さらにトラス鉄骨ブレースの形状が非常にシンプルになっているなど、設計者の方々の努力と熱意が図面からも伝わってきた。

技術提案では、大林組として大きく三つ提案した。まず、4階の鉄骨トラスを受ける仮設支柱ベントの撤去（ジャッキダウン）時期を設計図のスラブ打設後の撤去ではなく、打設前とすること。これにより、一つ一つの

ベントにかかる荷重を少なくすることができ、当現場で一番の難条件である地下鉄函体へ与える荷重も軽減することができる。同時に、宙に浮いているトラスの4階床コンクリートのレベル精度管理の向上、ひび割れ防止対策も図れると考えた。

次に、そのトラスを撤去するジャッキダウンの計画について、すべてのベントを同時にジャッキダウンするのではなく、エリアを決め何回かで行う「部分ジャッキダウン」を提案した。この提案の一番の狙いは、厳しい工期を山崩しし先取りしていくこと、特にこのベントを組んだ空間には、その後、見世（みせ）と呼ばれる1～2階建ての建物を13棟つくらなければならない場所であり、

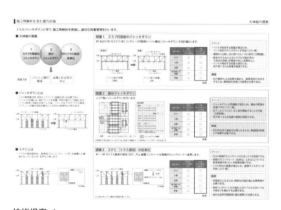

技術提案_1

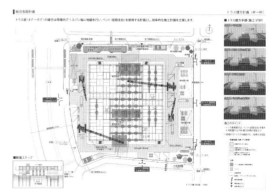

技術提案_2

この現場の一番のクリティカルパス「工程の生命線」であった。

三つ目の提案は、揚重機を決定するのに一番ネックで最大重量となっている4階柱SPCに対する提案であった。現場で建方をする際に十数tもある鉄骨柱にさらにコンクリート重量5〜6tも加算され建方することになる。敷地中央部を南北に地下鉄が縦断している当現場では、外周部にしか大型の揚重機を設置することができない。また、鉄骨トラスを地組みすることなどは夢にも計画することはできない。そこで、被覆コンクリートは鉄骨柱が立った後に現場打ちコンクリートとすることを提案した。これならば、揚重重量は鉄骨柱のみの重量であり、また内蔵する鉄骨のPC工場への搬入や、PC工場での製作期間や手間の大幅な縮減も図ることができた。また、後述する斜材溶接をできるだけ平地で行う地組工法も考案することが可能となった。

以上の三つの技術提案については、すべて本施工の際に実施した。設計者や地下鉄を管理する名古屋市交通局にも説得力があり意義のある提案がそれぞれできたと竣工を迎えた今でも言うことができる。

工程計画・生産設計（工程計画）

1〜3階の躯体は当初設計では、PC構造であった。しかしながら、1階の柱を施工する時期を逆算すると、着工時にはすでにPCを工場でつくり出さなければ間に合わない時期であり、既にスケジュール的に不可能であった。また、コスト的にも厳しく、在来のRC躯体工法で施工することを決断した。

「在来RC工法」としたことで、PC製作図を検討しなければいけないという初期にかかる多大な生産設計労力も減らし、PC製作納期にかかる工期的な問題もクリアした。

ただし上記二つの案は、PCを在来RCに置き換えるという現場作業が増える案であり、これを確実に実施するために施工計画の立案は当然のこと、2021年2月1日に格子壁建方開始、3月中にトラス鉄骨建方開始を最重要キーデイトとして定め、格子壁・トラス鉄骨の製作などを逆算して工程計画も立案した。

また、別の大きなクリティカルパスの流れとして、地下鉄直上部の空間は、鉄骨トラスを組み立てるまではトラスを受けるためのベントを設置する空間であり、そのベントが解体されないと見世工事に着手できないという場所であった。この非常に重要で切迫した条件を持つ見世工事期間の確保のため、トラス受けベントの解体・見世掘削工事開始を竣工日から逆算して2021年6月下旬と決めた。

屋上も1万㎡以上の防水工事の上に、設備機器やキュービクル、配管・配線作業が多くあり、工程的にも非常に厳しいことから、後述する防水工事の仕様をシート防水から塗膜防水に変更を提案し、こちらも受電や通水からの逆算でキュービクルや設備機器の搬入時期も定めた。

工程計画・生産設計（生産設計）

このような意匠と構造が一体となった芸術性の高い建物をつくるためには、まずは生産設計の精度とスピードが特に重要と考え、下記に示す検討手法で現場着手日から早期に取り掛かった。

1. BIMモデル
2. 1/5断面詳細図
3. 色分け図

1.BIMモデルは、まずはラフな3Dモデル（Revit）を作成し、整合性の確認や食い違いなどの課題を見付け、質疑項目をピックアップした。

2.スケール1/5の断面詳細図は、設計図では表しきれないディテール検討を行うのに適しており、納まっていな

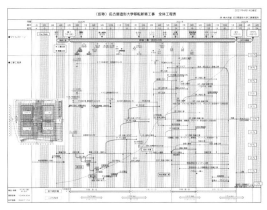

全体工程表

鉄骨トラスと仮設ベント

い部位や多くの問題点を把握することができた。また、後述する格子壁脚部接合部のボルト締め作業スペース確保のための「山留めH鋼天端カット」は、この詳細図があったからこそ、先の計画が考えられアイデア抽出に至った。生産設計と施工計画、両業務に役立った。

施工図の作成、施工計画を検討するにあたり、まずは意匠図・構造図の読み解きが重要である。設計図を理解するために、有効な手段として「3.色分け図」がある。躯体の鉄筋や鉄骨の符号を示す色分け図やコンクリート配合部位の色分け、意匠的にも天井高や防火遮音区画の色分け図を作成することで、設計図が格段に理解しやすく、また食い違いや疑問点なども見付けやすくなる。この色分け図は、検討や計画をするときだけでなく、実際の現場施工時にも管理を行っていくうえで、職員や作業員にとっても非常に有効な資料となった。

BIMデータは「情報を持つ」という利点にも着目し、コンクリートなどの数量積算にも活用した。施工計画をするにあたり、工区ごとの土工事（掘削、埋戻し）数量や、コンクリート、鉄骨などの数量や重量を把握することは必須である。従来は、職員自ら設計図や躯体図を見ながら積算することも多かったが、楽に正確に数量を把握できるこの手法は、昨今の働き方改革の対策としても効果があったと思われる。

しかし、便利なツールが増えた今の時代でもやはり熟練の設計長のスケッチによる検討は、特にこのような建物では重要であった。スリムなコンクリート躯体の中の煩雑で複雑な配筋。チリのない躯体とサッシとの納まり、初めて経験するような誰もやったことがない納まりでも粘り強く解決策を生み出す突破力。BIMも今後重要であるが、やはり経験・勘・センスというのは大事であり、人材育成というのも企業にとっての使命である。

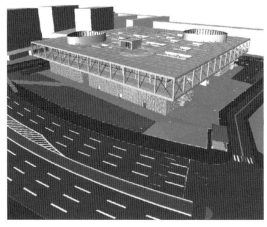

BIMモデル図

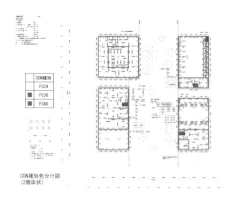

CON種別色分け図
（2階床伏）

色分け図（CON強度）

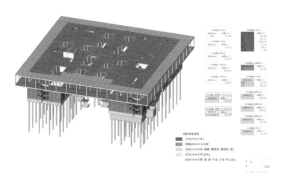

BIMを利用した積算

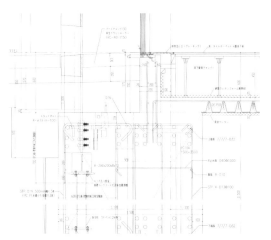

断面詳細図

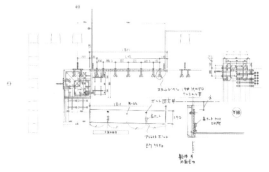

設計長によるスケッチ

GENERAL TEMPORARY CONSTRUCTION

総合仮設工事

総合仮設計画

敷地は地下鉄が南北に敷地を縦断しており、荷重制限が名古屋市交通局から提示され、その3段階の荷重制限を誰にでもわかるように現場に表記したかった。また、建物四周外周部からの大型クレーンによる揚重計画となるため、敷地全面的に敷き鉄板を設置し、荷重制限部はラインペイントと道路標識風の荷重表示をすることで可視化を行った。

地下工事のため、地下鉄の函体に近接して山留杭や既成杭を打設しなければならない。また、地下鉄函体上部に「見世」と呼ばれる建屋を13棟建てる計画であることから、現場着手時に3次元点群データ測量を交通局の承諾も得ていった。点群データにBIMモデルを重ね合わせることで、地下鉄函体との位置関係や既存樹木との関係、近隣建物や道路との関係性もビジュアル的に理解することができる。現場に新しく入場してくる作業員にもその動画を見てもらうことで、着工当初から最後の完成形のイメージを持って作業に入ってもらうことができた。

地下鉄近接工事

地下鉄の荷重制限については前述したが、他にもう一つ大きな課題があった。それは「計測」である。特に掘削時における地下鉄函体へ工事の影響を与えないこと、また影響していないかを把握することは重要な課題であった。名古屋市交通局とも打合せを重ね、地下鉄近接の掘削側には、山留め壁ソイル柱列セメント（SMW）壁を設けて、連続壁を構築することとした。計測については、地下鉄函体の東西面を5mおきにレベル計測し、影響を確認することとした。また、地上に顔を出している通気口4ヵ所の躯体についても計測を行い、随時報告することで合意し、全工期を通じて計測管理した。

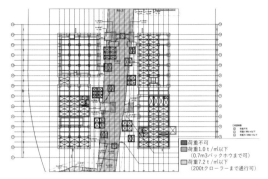

地下鉄荷重制限

地下鉄荷重制限の可視化（現場）

3次元点群データ＋BIMモデル

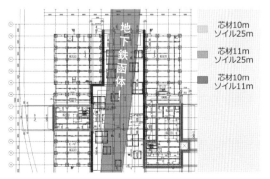

山留め工事概要

UNDERGROUND SKELETON CONSTRUCTION

地下躯体工事

山留め工事

地下鉄協議により地下鉄近接側、また地下躯体がある部分はSMW壁にて山留め壁を構築した。

山留め重機は東西工区、2班に分けて施工した。杭打機型の重機を使用し、西工区では1台を先行削孔専用で使用し、打設用の重機が後追いで施工した。東工区は先行削孔とH鋼の打設・ソイルの注入をパワーのある重機1台にて行った。

山留め壁の天端は、ちょうど格子壁を受ける基礎梁FG10Aと接するため、格子壁施工時の計画も早期に行い、山留めH鋼の天端をあらかじめTの字にカットして建込みを行った。これにより、後の格子壁施工時の施工空間の確保、作業性の効率化を図った。事前に格子壁の施工までを考えた対策を行えたことで、労力のかかる現地でのSMWのはつりやH鋼切断などを回避することができた。

杭工事

杭は、SC＋PHC＋節拡底杭の3本継ぎの既成杭であり、Φ700〜1,000mm、長さ20〜25m、A種・B種と、多種多様な組合せの合計104本の杭であった。まずは、1柱1本の巨大な軸力を受ける杭を精度よく確実な施工をすること、そして杭先端部の支持確認が重要な管理ポイントであると考えた。

多岐に渡る杭種は、受入検査の充実と記録を確実に残すことで、管理の充実を図った。出荷証明書とパイル表示マークを杭全数確認し、「杭管理システム」を利用した工程写真を撮影し記録とした。

毎日、施工した杭の電流計データを構造設計監理者にもメールにて報告し、状況を確認してもらい、気になる状態があればタイムリーに連絡を受けた。

土工事

地下水位はGL-4m付近にあり、事務ホール棟とギャラリー棟に地下階があり、地下水位より深く掘削するため、この2ヵ所は全周ソイルセメント柱列（SMW）にて山留め壁を構築し、一段切梁を架け施工した。また、遮水壁を構築したが溜り水も多く含んでいる可能性が高

山留めH鋼天端Tの字カット

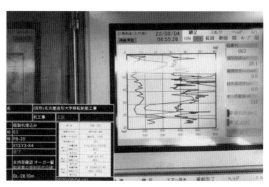

杭管理システムを利用した工程写真

格子壁脚部ボルト締め状況

地下掘削工事状況

いと、過去の工事の経験などから情報を得たため、念のためそれぞれにディープウエルを設置し、地下工事を行った。結果的には、地下工事時の排水量をみると、やはり必要な対策であった。

基礎・基礎梁底は段差が多く、複雑な形状が多かったことから、工期と手間は少しかかるが「3段階捨てコン」を実施した。これは、とにかく一番低い所の捨てコンを先行して打設し、その上に躯体図通りの位置に型枠を建て、上部の捨てコンを打設していく工法である。無駄な増し打ちコンを減らし、躯体図通りの品質の高い配筋や型枠工事を行うための工夫であり、小さな梁底型枠の脱型業務もなくし、いつも懐疑的な埋戻しの充填性もなくす工法である。また、躯体内に泥や土を引っ張ることもなくなり、現場内を綺麗に安全に保つためのアイデアでもあった。

また、ピット内の人通孔Φ600mmについて、特にライブラリー棟は1階が床下空調でピット内を配管やダクトが縦横無尽に配置されていることから、人通孔の設置が困難であった。そこで、構造的な確認もし、基礎梁下に人通孔と通水管を兼ねたU字溝を設置した。掘削工事時と同時にU字溝を据え付けるため、工期的なロスも少なく、むしろ人通孔工事にかかる鉄筋や型枠工事の多大な手間が省けた工夫であった。

基礎躯体工事

格子壁を受けるFG10Aは、W1,500×H2,500mmと非常に大きく、またD32の主筋が7本上下3段にあり、スターラップD13も5列に100mmピッチで配筋されるという基礎梁であった。その鉄筋の中に格子壁を受けるH鋼200×200mmが配置され、部分的にコンクリートを打ち継いで、格子壁の鉄骨PL挿入後に配筋、コンクリートを打設するという条件であった。

FG10Aの施工にあたり、まずはどのような納まりで、どのような手順で、どのように配筋するか想像できなかった。そこでBIMモデルを作成し、納まりやSTEPなども検討をしたが、詳細までは詰めることができず、設計者・鉄筋業者とも相談し、実物大のモックアップを作製することとした。

モックアップの効果は絶大であり、鉄筋業者の不安も大きかった「基礎部分」を製作したことで、難しい配筋の納まり・順序、鉄骨精度確保の方法、コンクリート打継ぎラスの位置や向き、結束線のピッチなど細かいところまで検討した。設計者との現物を見ながらの質疑応答は、両者の共通の理解を得るのにも効果があり、お互いが疑問を持つことなく実施工に入ることができた。

コンクリートは、部位ごとにFC36、42、60N/㎡と強度が分けられており、この打ち分けの打設計画は非常に難しく、実際に大変なコンクリート打設となった（詳しくは後述）。特に高強度コンクリートについては、流動性もあることから一般ラスで漏れを防ぐことは難しく、これも施工前にモックアップで実験を行い、ラスの種類を「スーパーフォー」という高強度コンクリートに適したラスを採用することとした。

捨てコン施工状況

FG10A実物大モックアップ

ラス施工前実験

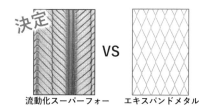

決定 流動化スーパーフォー VS エキスパンドメタル

ABOVE-GROUND SKELETON CONSTRUCTION

地上躯体工事

鉄筋コンクリート工事

地上1～3階の柱は一般的に400×600mm、梁はW600×H400mmと断面は小さいが、巨大な4階の力を受けるため、コンクリート強度はFc60N/㎟、鉄筋の主筋も太く配筋量はとても多かった。また、通常の鉄筋強度を超えるSD390やSD490の特殊材質の鉄筋が多々使用されていた。この特殊材質の管理は非常に重要であり、材質の管理には細心の注意を払い、記録も丁寧に残した。

現場では、配筋の納まりや継手、定着、地組計画などを考慮し、柱や梁・壁などの主筋はほぼネジ鉄筋にて施工した。そこで、ネジ鉄筋のメーカーよりポケット大の材質識別カラー表を取り寄せ、常に鉄筋担当職員と上長が現場で材質・径を確認し、配筋写真1枚1枚ごとに撮影し記録した。

コーナー柱は、400×400mmの柱が二つつながったようなツインコラムと呼ばれる形状であった。ここでもモックアップを作製したが、始めこの二つの柱のフープ筋は別々で2本であった。ただ、この小さな断面で二つのフープ筋を固定するのは捻ってしまい難しく、かぶり精度の確保にも影響がありそうであった。そこで、鉄筋業者とも打合せを重ね、鉄筋工場にある最新の3D折り曲げ機で製作できそうな一筆書きフープを考案した。これならば、一本の鉄筋材でできているため捻れもなく、加工図通りの寸法で正確な位置に配筋することが可能となった。

地上躯体工事は吹抜けが多く、梁配筋は足場上での作業となることが多かった。そこで、作業の効率化と省力化を図り、足場上での作業を減らすため、二つの工法を採用した。一つ目は、地盤レベルですべて鉄筋を地組みし、組み上がった物を揚重して現場にセットするだけの「地組工法」。二つ目は、梁配筋の初めに一番の手間がかかり転倒しやすいスターラップをつなげて、先行して現地に並べる「梁スターラップユニット工法」である。地組みをするヤードの確保、精度確保のための仕込み、現地でのジョイント方法など課題も多かったが、鉄筋工からもアイデアを出してもらい省力化を実現した。

型枠工事では、ツインコラムを始めとする柱や梁のピン角にこだわりを持って施工した。初め、いつも通りの形で地上階の柱の打設を行った際に、ピン角部でコンクリート表面がボソボソとなり、コーナーが上手く出て

いない柱が何本か見受けられた。これは、型枠のコーナー部分の締め付けが緩いことにより、ベニヤとベニヤの隙間からコンクリートが硬化中にペースト分が逸水し、表面に水分がなくなったためである。そこで、今回の型枠3業者と対策会議を開き、各業者なりのコーナー締付け対策を行い、以後それに基づき施工した。その効果は抜群であり、外セパを追加したり鋼管を角に配置したり、チェーンを巻いたりと、各業者の使用している金物などの違いから方法は異なったが、ピン角部を緩まないよう締め付ける対策により、脱型後のコンクリートの角は美しく仕上げることができた。

当初SPC構造であった4階トラス柱のコンクリート被覆

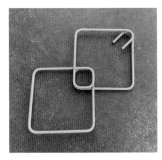

420 200
6-D29 + 2-D13
6-D29 + 2-D13
□-D13-@100

ツインコラム柱リスト　　　一筆書きフープ

梁筋地組み

柱コーナー型枠

柱ピン角

は、現場打設に変更したことから、在来型枠による圧入工法でのモックアップ、実験を行った。圧入試験は、当初高さ8mを一度に打ち上げる計画で進めたが、約半分の4m過ぎのH鋼柱のリブや補強材が多い所で圧力がかかり過ぎ、型枠に過度な負担を与え、それ以上の圧入は不可能になったことから、上下2段に圧入口を設置する計画に変更した。上下2ヵ所に分けて圧入口を設けたことにより、圧入もスムーズに行え、またセパにかかる負担も減ったことから、セパピッチの見直しを図り、より安全な打設計画とすることができた。

コンクリートについては、とにかく配合分けが複雑であるということが挙げられる。例えば地下1階があるギャラリー棟の地下について、平面でみると格子壁を受けるFG10AのFC42と地下躯体のFC36のみに見えるが、断面にすると、基礎は通常のFC36、FG10AはFC42、B1階床壁はFC36のベストン入り、耐震壁やFC60柱の基礎梁に直結する足元のふかしはFC60となっている。打設優先順位は当然柱が一番、その次に梁、壁スラブとなっており、柱の強度が最優先される。
また、ベストンとは、ベストン社製のコンクリート躯体防水混和剤のことで、ひび割れ自癒作用や結露が生じにくくなるメリットがあり、今回地下階のある床・壁に採用した。
この複雑な配合分けを行うために、同じ場所でも何度も細かく打設を分けて行った。
1回目は地下1階レベルまでの地下躯体。2回目で壁（FG10Aの下のみ）、3回目でFG10A、4回目で内部の地下躯体、5回目でふかし、6回目でようやく1階スラブとなっている。

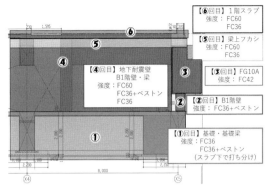

コンクリート打設順序と配合分け

格子壁工事

格子壁は、1ピースが幅2m、高さ11.5m、最大重量9.4tの複合穴あきPC版であり、トータル300ピースであった。施工にあたり、実際に力が加えられたとき、計算上の挙動と一致するか、どのくらいの力でどのようなひび割れが発生するか、どこまで耐力があるのかといった確認をするため、実物大の試験体を作製して、当社の技術研究所で試験を実施した。その結果、地震力を受けた際の格子壁の応力や損傷状況などから、設計者の解析数値と乖離がなく、設計者の思惑通りの数値が得られ、設計図通りの施工を行うことが可能であると確認できた。
格子壁は構造面だけでなく、当然完成時に最も美しく見える形状が求められた。工場製作前に検討が必要と

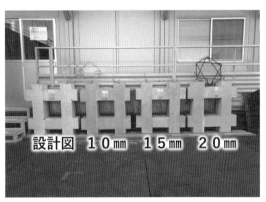

格子壁モックアップ

4階柱コンクリート圧入試験

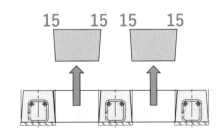

格子壁型枠のテーパー角度

なったのが、格子の穴を形成する型枠のテーパー（勾配）角度の決定であった。

テーパーは、厚さ200mmに対して10%の角度、20mmが一般的である。今回、テーパー角度を0、10、15、20mmの4パターンのモックアップを作製し、実物大の形状を山本先生に確認してもらい、最終的に設計者が意図する美しさと施工の実現性を兼ねた15mmに決定し、製品製作に着手することができた。

構造、意匠の検証の次に必要となったのが、格子壁300ピースの連結で、現場ジョイント部≒6,300ヵ所の施工をどう行うかだった。

当初は、連結箇所から突出している鋼板と鉄筋を1ヵ所で溶接、その後、配筋・型枠をしてコンクリートを打設する設計であった。しかし、作業のしやすい格子穴の表面から鋼板の溶接をすると、手前にある鉄筋が妨げとなって作業ができず、狭い裏側からの作業となってしまう。鉄筋溶接も各ピースの鉄筋の高さや長さがばらついて溶接位置がずれると、作業時間がかかるだけでなく、品質低下にもつながる。

そこで、鉄筋のCB溶接位置を1ヵ所から2ヵ所に変更した。広いスペースで作業ができ、鋼板や鉄筋の溶接位置に多少のずれが生じても調整が可能となり、鋼板の溶接面もコンクリート内となり、品質だけでなく求められる美しさへも対応することができた。

1ピースの高さが11.5mある格子壁には、格子が23段あり、連結の際には各段の継手部に少量のコンクリートを打設する。しかし、コンクリートを打設するために、ポンプ車の圧送では効率が悪く、バケツリレーでは大変な手間と時間がかかる。そこで、構造設計者からコンクリートは鋼板を保護するものであると事前に説明されていたので、モルタル打設への変更を提案した。構造設計者から、モルタルは剛性を持たせるために所定の強度が必要と回答を受け、試験体を製作し圧縮強度を確認し実施工に至った。モルタル打設であれば、通常、左官工事で使用するモルタルポンプでの施工が可能となり、少量の打設や繊細な仕上げにも適しており、大幅な省力化を図ることができると想定した。モルタルポンプでの打設は、作業員の習熟効果もあり、当初5列ほどの成果であったが、最終的には17列×23段=391個の打設を1日で施工することができた。また、モルタルには、タフバインダーを混入して練り混ぜ、ひび割れ防止対策も図った。

格子壁の建方計画について、当初は吊り点四つを格子壁の版の上部下部付近で行い、2台の揚重機で相吊り

して建てようと計画したが、ひび割れの懸念や狭い足場と躯体の間を落とし込んでいくことができないことがわかった。そこで、三つの対策と工夫を行った。まず一つ目は、上部の吊り点を治具頂部に移動させた。これにより、ほぼ垂直に格子壁を吊ることができ、狭い足場の中に落とし込むことが可能となった。二つ目は、上部の吊り点が頂部に行ったことで、下部の吊り点との距離が長くなり、ひび割れの懸念が高くなったことから、相番機側の吊り点を追加し、合計6点とした。最後三つ目の工夫として、相番機側の4点には均等に荷重が架かるようにチェーンエコライザーを使用した。

また、格子壁は下部の基礎梁の中に入れた鉄骨でしか

鉄筋溶接

現場ジョイント部　鋼板・鉄筋溶接

ジョイント部モルタル打設

格子壁建方状況

接続していない。この基礎梁内の鉄骨梁は、格子壁の重力や構造上の耐力を受けるのは当然のこと、施工精度を確保するために唯一無二の存在であった。この鉄骨梁には500mmピッチでボルト接続するプレートが仕込まれ、数ミリの誤差しか許されない状況で格子壁とつながる。そのため、鉄骨梁は束柱を設置して受けることで、レベル精度を確保し、コンクリート打設前と後、そして格子壁建方前にレベル・位置確認を行い、微調整を行って、格子壁の建方を迎えた。また、このボルトを本締めするための機械（シャーレンチ）が入るスペースを確保するため、山留めH鋼の頭の形を工夫したり、鉄骨内蔵の基礎梁の打継位置や鉄筋の割付なども事前にモックアップで確認してから施工にあたった。これらの細かな対策もあり、延べ300ピースの格子壁は無事精度よく建方・据付を行うことができた。

トラス部分には鉄骨の自重のほかに、柱や床のコンクリート、外装や内装の仕上材と工事が進むにつれ、荷重が増え下がってくる。4階の床はスタジオであり、当然平滑性が求められる。そのため、最終荷重が架かった後に水平になるようにあらかじめ上側にむくりをつけておくことがポイントであった。そこで実際にどのくらい上側にむくりを付けるのか施工時解析を事前に行った。解析の条件が非常に重要であり、まず施工ステップを決める必要があった。そのステップによる条件で解析を行い、トラスの垂直、水平変位を算出し、設計者による解析と比較して最終的なキャンバー値を決定した。このキャンバー値をもとに部材の長さが決まり、製作を開始した。40mトラスの中央部では最大45mmのキャンバーをとり、トラス上弦材が＋4mm、斜材は13〜14mm短く製作を行った。この施工時解析の成果は

格子壁受け鉄骨

鉄骨トラス建方状況

鉄骨トラス工事

格子壁ともう一つこの建物で特徴的なのが、4階の巨大スタジオ空間を構成する鉄骨トラス構造である。

このトラスの製作にあたり、1.特殊部材の製作方法、2.施工手順・解析、3.溶接試験など、大きく三つの議題をトラス分科会として全15回行った。

まずは、トラスの柱と梁の仕口部、斜材との接合部の製作について、この部分には補強リブなどさまざまな部材が集中しており、製作手順の検討からスタートした。そこで実際に原寸大でモックアップを作製し、組立方法や溶接時に手が入るのか、UT検査を実施できるかなどの検討を行った。この検討により、溶接の方向や脚長、すべて組み上がる前に一度UT検査を行わないと、後からUTができない箇所があるなどの問題を発見することができた。

次に、今回のトラスは最大40mもの距離を飛ばすため、工事中の沈み込みを考慮した「むくり」、キャンバーをどのように取るかも重要な課題であった。下階に柱のない

トラス柱梁仕口部の実物大模型

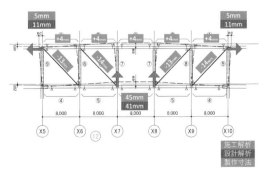
トラスの製作寸法とキャンバー値

大きく、現場で実施の結果も施工ステップごとに各々の場所で解析した数値とほぼ同じとなった。

最後三番目の難題として、超高強度鋼の「現場溶接」があった。今回のトラスの斜材は100×40〜200mmの極厚無垢材で、母材の強度も590N級のTMCP440と最高クラスの強度であった。現場溶接の実績も少なく溶接の難易度が非常に高くなっており、技量付加試験に合格した技能者だけが溶接作業をすることが可能となる。斜材の継手位置は上下2ヵ所で、地組スパンと現地溶接スパンでは、溶接する姿勢が異なるので地組時に溶接する斜材はX型開先、建方後に現地溶接する斜材ではK型開先と、それぞれの実状に合わせたものとした。試験は鉄骨ファブの工場で行い、試験方法はより難易度の高い鉄骨組立後の斜め立向き溶接で行った。ブレースは仕上工事完了後もそのまま見えてくる部材で、溶接後の曲がりは意匠上も構造上も問題であった。そこで対策として開先角度を表裏対象形とし、溶接時の入熱の差を少なくし、溶接作業中も角度を計測しながら裏表を往復して溶接を行うなど工夫した。溶接部の検査については、外観検査、超音波探傷検査、磁粉探傷検査、機械試験を実施した。試験は本試験に加え、開先などの工夫も加えながら追試を5回行い計6回に及び、合格者は14名中9名であった。

現場では、トラス鉄骨は1スパンごとに地組みを行って建方を行った。トラスが完成するまでの間は、地下鉄上部などにベント（大型の仮支保工）を設置しトラスを支える計画とした。また、地下鉄換気口まわりは直接荷重を架けられないためプレガーターを組み、その上にベントを組むこととした。

ジャッキダウンはトラス部のコンクリート打設前に行い、中央のトラスのジャッキダウン条件はトラスの両側の4階梁と床のコンクリート打設完了後と分科会にて決定し行った。解析によるジャッキダウン後の変位量と実測値は、おおむね解析通りの結果となり、垂直変位量は鉄骨自重のみなので少なく40mスパン部で4〜5mmであった。

外周跳ね出しSPCトラス工事

4階の建物外周に配置されるSPCトラスは、1〜3階に柱のない跳ね出しの構造であった。そのため、本体建屋の鉄骨トラスがすべて組み上がった後、SPC柱脚部に仮設のベントを48本の柱すべてに設置して建方を行った。このベントの足元にはジャッキを設置して、建方時の高さの微調整と建方後のジャッキダウンに使用した。外周SPCの柱と梁は、鉄筋がつながらず、柱から出ているアゴに梁を載せ掛け、目地部をグラウト注入という仕様であった。したがってSPC建方時には、柱と梁の固定が固まらず不安定な状態となるため、色々な治具や仕掛けを考えたが、結論的には最大3台のクレーンで部材を吊りっ放しの状態とし、建方の安全性を確保した。

建屋本体から外周SPC材を吊る斜材（幅10mm無垢鋼材）のジョイント溶接は、本体の鉄骨トラスと同様上下に2ヵ所あり、斜材の長さが約11mあるため、中央部に仮設のたわみ防止用治具を設置しながら溶接を行った。また、クレーンが稼働するヤードの確保や工期短縮のため、SPC外周には足場を組む計画を中止し、無足場での施工とした。無足場で一番のネックとなってくるのは、コンクリート面の撥水材塗装であり、この問題をクリアするため、PC工場の協力を得て、予めPC工場のヤードにて先行塗装を行い、現場に搬入し取付けを行った。

溶接技量付加試験

磁粉探傷検査

トラス地組み状況

外周跳ね出しPC建方状況

FINISHING
WORK

仕上工事

外装建具工事

4階のスタジオ空間は階高8mを超える高さのフロアであり、外周や吹抜けの建具高さも7.25mある。そこを縦に2分割（上部≒4.5m＋下部≒2.75m）するスチール建具は、ノックダウン方式で構成されている。スチールの縦材は、I形鋼125×75を基本とし、ガラスが分割される横桟の位置には、H形鋼350×175が耐風梁の役目を兼ねて横使いに存在する。このH形鋼から保持するスチール材は、設計者と打合せを重ねに重ね、当初小さなH形鋼やカットTであったものを最終的には、構造も成り立ち見え掛かりの小さなアングル材L-150×100で納めることとなった。縦横すべてのスチール材を現場で組み立てることは、非常に精度が求められる難易度の高い作業であったが、最高の技術を持った作業員の力も大いに発揮してもらった。下部の可動式の引戸も問題なく稼働し、雨漏れのない美しい外装をつくり上げている。

この大きな重いガラスを一枚一枚足場の狭い隙間に降ろして、嵌めていく作業も困難を極めた。クレーンやホイストを駆使しながら、まさに職人技で納めた。

スタジオ天井と屋上工事

4階スタジオの内装で一番大きな変更があったのが、「天井」である。当初設計図は、鉄骨でブドウ棚のような格子状の下地を組み、そこにボード仕上げとなっていた。大空間であるため、当然、耐震天井仕様が求められるので、下地鉄骨を上部の本体から直接吊る構造形式で剛天井とされていた。ただ、ボード天井は設計者の意図したものにはイメージが遠く、またこのフロアの上の屋上階の防水仕様についても懸念があったため、4階天井と屋上床躯体と防水の仕様を抜本的に見直す提案を行った。

当初、屋上は厚みのある断熱材で勾配をつけ、その上にシート防水であった。ただ、この仕様だとその上に載る設備機器の据付や配管・配線作業などへの細かな対応や、何より工程的な懸念が大きく、この厳しい短工期では納まらないと思った。そこで、まず断熱材はスラブ下への内断熱とし、床の水勾配は鉄骨とコンクリートの躯体で確保した。防水は、躯体ができ、養生期間が過ぎたらすぐに施工できる塗膜防水に変更し、クリティカルとなる設備工事の多い場所を優先して作業し、工期的な問題もクリアした。

4階天井は、ある時、山本先生から透明感のあるルーバー天井にしたい、と要望があった。ルーバーと言っても、通常のボード天井で使用する軽量鉄骨下地材のいわゆる野縁材、通称Mバー（25×19mm）を等間隔に並べるというものであった。形状や等間隔ピッチ、照明設備などを確認するため、これもモックアップを作製し議論を重ねた。結果的には、Mバーを白塗装し、≒80mmピッチで並べるということになった。このルーバー天井は、モックアップでの評価も高かったこともあり、アリーナやファクトリー、屋内ギャラリー、カフェテリア、見世とさまざまな部屋でも使用されることとなった。

塗装工事

本建物の数少ない仕上材の中で「塗装」は、設計事務所のこだわりが強い工事であった。特にコンクリート面に塗る撥水材は、透明のものから白色の色粉を混ぜ、3〜25％の中で数％刻みにモックアップにて試験施工をして、確認して決定した。

4階吹抜け部外装工事

ルーバー天井モックアップ

当初は、コンクリート地肌がよく見える透明に近いものが建築屋的には好まれると思われたが、山本先生のできあがった建物全体は「限りなく白がよい」の言葉もあり、白塗装色N-95に近い20%に決まった。

格子壁の裏側の鉄板、鉄骨階段や軒天デッキなどの鉄部にはN-95のウレタン塗装で仕上げを行った。

撥水材塗装モックアップ確認

ホール内装工事

事務ホール棟の1階には、3層吹抜けの多目的ホールがある。音響にもこだわった仕様となっており、建築的にも非常に複雑で手間の掛かる空間であった。

天井は、シンプルなボード貼りではあるが、4階トラス階の下部となるため、天井下地材やキャットウォークの吊り材をどこからどのように取るかなど難しかった。

壁は、表面には白色のメッシュフェンスが取り付くが、音響として重要となる黒色のボード壁は平面的にも立面的にも凸凹しており、プラスターボードと穴あきケイカル板を面ごとに設置し、吸音効果を高めている。

床は、高さ500mmの上げ床となっており、鋼材下地に合板ベニヤ厚12mmを2枚張りして、無垢フローリング（カバ桜）厚24mmに白塗装を施し着色後すぐにふき取る仕上げで行った。また、この500mmの上げ床は、床下空調の空間ともなっている。

ホール内装工事状況

見世工事

地下鉄の真上には、1～2階建の13棟の見世の建物がある。ここは、交通局より事前に示されている荷重制限を守ったうえでの設計および施工条件が求められ、加えてトラス工事終了後に仮設ベントを解体した後、上部に建物がある状態で半年で仕上げなければいけないという非常に厳しい時間的制約条件もあった。

厳しい工期を守るため、見世ではさまざまな省力化や工夫をして施工した。基礎工事では、基礎梁とスラブを同時にコンクリート打設できるように発泡スチロールや鋼製型枠を採用した。また、屋根がある状態での施工のため、鉄骨建方や外装ECP材などの建込みには、それぞれの材料にあった揚重機、ラフタークレーンやミニクレーンを配置して対応した。

屋上まで空いている8×8mスパンの吹抜けが8ヵ所あった。また、4階トラスの下面となる軒天には仕上げデッキを張らなければならなかった。当然、上を仕上げてから下を仕上げるのが建築現場の常識ではあるが、それだけの上部の仕事を待つほどの工程的余裕はなかった。そこで、上部と下部を同時に施工するため、吹抜けの外装工事用に垂直の吊り足場を設置し、軒天デッキ用にはクイックデッキと呼ばれる水平の吊り足場を設置した。これらの工夫もあり、見世や軒天などは無事、竣工までに作業を終えることができた。

見世ECP建込み状況

吹抜け外壁・軒天工事用吊り足場

ELECTRICAL EQUIPMENT CONSTRUCTION

電気設備工事

菊地大 / 大林組

床輻射冷暖房とフロアコンセントの共存

1. ダンボールダクトの採用

大空間の4階スタジオにおいてコンセント、LANについては、フレキシブルかつ多目的に使用したいという要望があった。しかし、4階スタジオは間仕切り壁がほとんどない空間であり、コンセント類は床面に設置するしかなかった。一方で、4階はほぼ全面が床輻射空調対応ということで、冷暖房時にコンクリートが伸縮し、打込フロアコンセントまわりにクラックが発生する懸念があった。

今回、クラック抑制のため、打込配管ではなく、クラック防止の目地直下に、配線トレンチとしてダンボールダクトを設置した。カッター目地とも合わせてこれにより、完全に床の縁を切り、ひび割れ防止を図るとともに、電気配線ルートを確保した。

配線トレンチの材質については樹脂、金属など、各種さまざまなものを検討したが、軽量かつ錆の恐れのないダンボールダクトを採用することで、機能性を確保しつつ、施工性の向上も実現させた。

2. 意匠性、将来性への配慮

意匠性に配慮するため、フロアコンセントは4mグリッドの目地の交点に配置した。本来なら、床打設前に、コンセントボックスを設置し、打設後に目地入れとなり、目地からのずれが避けられないところであるが、今回は打設後に目地入れ、その後、目地交点にてコア抜きを行い、直接フロアコンセント設置とした。

ボックスレスにすることで、経済性、施工性、コンクリート伸縮に対する追従性のすべてが向上した。

ダンボールダクト採用に加え、フロアコンセントをダクト交点に配置することにより、将来、コンセント、LAN他の増設、移設が容易にできるようになっている。

3. 床モックアップの作製

4階スタジオ床のモックアップを作製した。輻射空調用配管やダンボールダクトが密集する施工条件に対し、実際に施工を担当する作業員と共に、施工手順の確認、課題点の抽出を行いながらモックアップ作製を進めたことにより、実際の施工をスムーズに進めることができた。また、モックアップ床内には実際に輻射空調配管を施工し、冷温水の通水による機能試験も行った。輻射空調の効果を確認するとともに、伸縮に伴うひび割れについても、見事にダクト部分で吸収できることを確認した。

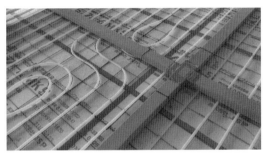

床輻射空調配管とダンボールダクト

フロアコンセント用コア抜き

床輻射モックアップ

MECHANICAL
EQUIPMENT CONSTRUCTION 　機械設備工事

屋上設備重量配置の問題

1. 鋼板ユニット式ハト小屋の採用

屋上荷重については、厳しい条件の中での設備レイアウトが求められ、厳しいダクトワークや設備ルートを強いられる状況であった。

特に重量が重くなる在来工法によるコンクリート製ハト小屋は、設置が難しく、この問題を解決するため、鋼板ユニット式ハト小屋を採用した。

コンクリート製ハト小屋（2〜4t）に対し、鋼板式ユニットハト小屋は既製品で約100kgと、大幅な軽量化を実現した。これにより、ハト小屋による重量増がほぼなくなり、効率的な設備ルートを形成することができた。また、工事量の多い屋上において、ハト小屋を既製品に変更することにより、施工に要する手順が簡略化され、工期短縮の面においても大きな役割を担った。

2. 設備機器・配管のユニット化

屋上荷重条件により、重量物のレイアウトについても苦戦した。今回、機器配管類をユニット化することにより、荷重の集約ができ、施工性も向上し工期短縮も図れた。

スペースの有効活用により、将来性を向上

1. 建屋外周に多用途設備トレンチを設置

建物外周、格子壁と外壁ガラスの間には500mm程度の空間があり、その床部分はコンクリートで埋める計画としていた。このスペースを有効活用できないか検討し、設備用配管配線スペースとして、仕上げをチェッカープレート＋砂利に変更した。ここは、車両や人の通行のない非常に安全なスペースであり、建物外周でループ状に接続されている。今後の大学の設備の進化に備え、各所インフラ設備の増移設、イベントや、ライトアップなどフレキシブルに順応できるようにした。

2. 基礎梁上部、設備貫通スペースの確保

ライブラリー棟など、床吹出し空調エリアではピット内にダクトや配管が多数あり、基礎梁貫通の制約がある中での設備納まりが課題となった。そのため、基礎梁天端レベルを下げ、1階スラブと基礎梁の間に、設備貫通スペースを設けることで、構造的な制約なしに設備貫通ができ、将来的な対応も可能とした。

また、人通口を取りやめ、メンテナンスピットを設置することで、メンテナンス性を向上させた。

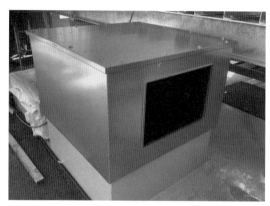

鋼板ユニット式ハト小屋

配管ユニット揚重状況

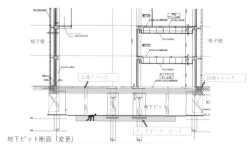

ライブラリー棟ピット断面図

外周ループ設備トレンチ

ON-SITE
INITIATIVES

現場での取組み

相原仁史 / 大林組

設計者の想いを施工者としてどう叶えるか

「世界一美しい建物をつくりたい」という建築家・山本
理顕の強い意志を叶えるべく、現場も必ず職員・作業
員が一体となって、後世に残る名建築をつくりあげると、
着工時にスローガンを決定し掲げた。

「ここは芸術作品～建築～を創っている現場です。皆さ
ん一人一人が芸術家です。魂込めて最高の『技術』を発
揮してください」

通常の現場では、安全標語的な横断幕スローガンが多
く、掲げた当初は少々恥ずかしい思いもあったが、山留
め工事から始まり躯体工事、仕上工事、外構工事と一人
一人の作業員が自らの経験を生かし、知恵を絞り、最
大限の技術を発揮して、この難解な現場の工事を成し
遂げてくれた。

一施工者として、この現場の職人魂が込められた最高
の技術の建物が完成したと断言する。

現場巡視中の山本先生

現場スローガン

現場のみんなと

2階平面図（S=1/1200）

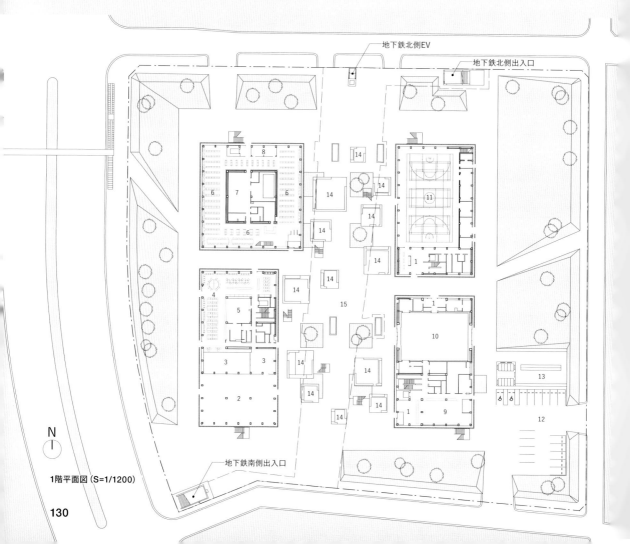

地下鉄北側EV

地下鉄北側出入口

N

地下鉄南側出入口

1階平面図（S=1/1200）

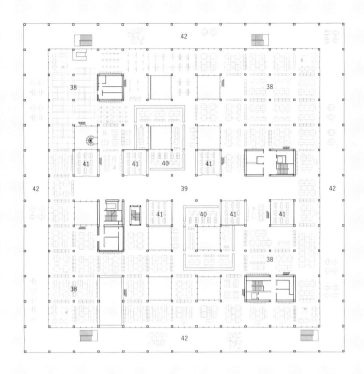

4階平面図（S=1/1200）

3階平面図（S=1/1200）

1 エントランスホール
2 オープンエアギャラリー
3 ギャラリー
4 カフェテリア
5 厨房
6 ライブラリー
7 集密書架
8 グループワーク室
9 オフィス
10 ホール
11 アリーナ
12 駐車場
13 駐輪場
14 見世
15 アートストリート
16 レクチャールーム
17 キャリア支援センター
18 ミーティングルーム
19 ラウンジ
20 ファクトリー
21 マルチラボ
22 レコーディングラボ
23 フォトラボ
24 工房オフィス
25 デジタルファブリケーション室
26 金工室
27 彫金室
28 木工室
29 ビデオラボ
30 塗装室
31 模写室
32 版画室
33 陶芸・石膏室
34 加工室
35 オープンエアファクトリー
36 学長室
37 クラブルーム
38 スタジオ
39 アートプラザ
40 スタジオオフィス
41 プレゼンテーションボックス
42 オープンエアスタジオ

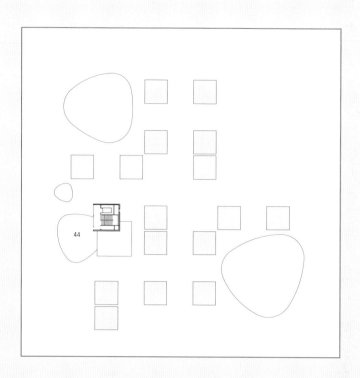

屋上平面図 (S=1/1200)

43　中庭
44　ルーフトッププラザ

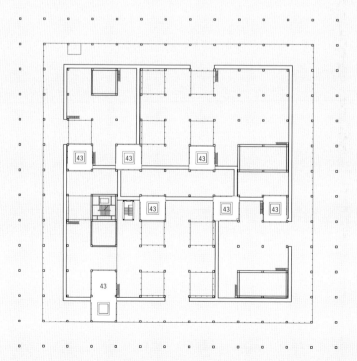

中4階平面図 (S=1/1200)

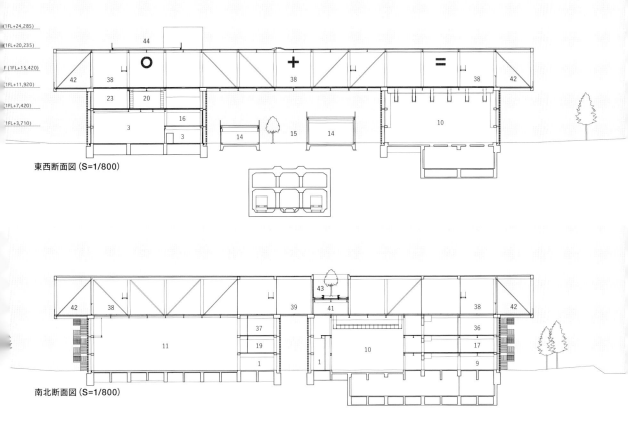

(1FL+24,285)
(1FL+20,235)
F (1FL+15,420)
(1FL+11,920)
(1FL+7,420)
(1FL+3,710)

東西断面図（S=1/800）

南北断面図（S=1/800）

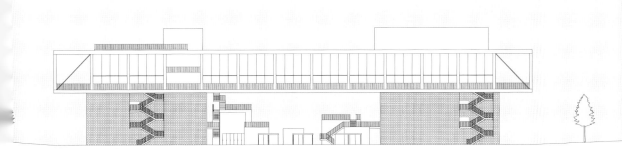

南側立面図（S=1/800）

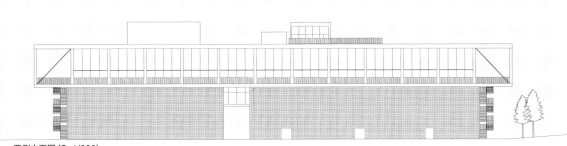

西側立面図（S=1/800）

133

建築データ

[建築概要]

建築名称：名古屋造形大学
英語建築名称：Nagoya Zokei University
所在：愛知県名古屋市北区
建築主：学校法人 同朋学園
用途：大学

敷地図 S=1/10,000

[設計・監理]

建築：山本理顕設計工場　担当/山本理顕、玉田誠*、正木和美、大澤敏行、波野平遼*、朴晋秀*、大可大、田邊孝浩、蜂屋景二*（*は元所員）
構造：Arup　担当/金田充弘、伊藤潤一郎、金雪美、伊藤真太朗
設備：Arup　担当/荻原廣高、久木宏紀、川端将大
監理：山本理顕設計工場　担当/山本理顕、玉田誠*、正木和美、大澤敏行、朴晋秀*、大可大、田邊孝浩
サイン：廣村デザイン事務所　担当/廣村正彰、山口慶
UI（University Identity）：山本理顕＋廣村正彰＋名古屋造形大学UI委員会
音響：永田音響設計　担当/福地智子、鈴木航輔
照明：岡安泉照明設計事務所　担当/岡安泉
カーテン：安東陽子デザイン　担当/安東陽子
植栽：GAヤマザキ　担当/山崎誠子、洪淑婷
家具：藤森泰司アトリエ＋山本理顕設計工場　担当/藤森泰司、石橋亜紀、安川流加＋山本理顕、玉田誠*、正木和美
スタジオコンセプトデザイン：itaru/taku/COL.　担当/山本至、稲垣拓

[施工]

建築・設備：大林組名古屋支店　担当/八鍬孝志、小林亮一、相原仁史、坂本弘道、佐藤周平、菊地大、野中良太、田仲有紗、嶋克樹、蜂須賀瞬、野口京平、仲西達也、近藤良亮、栗栖達季、寺田美希、柳平凱伽、入屋裕未、秋月健太朗、高橋将、中田舞美、山田静流、加藤博、関谷祥、中村俊喜、森田純一郎、山内静美
電気：関電工
空調・衛生：朝日工業社
仮設工事（鳶・土工）：豊徳
重機土工事：大林道路
雑工事（雑土工）：林ビコー、KTG
斫り工事：ホウユウ
雑鍛治工事：中部機器工業所、新居浜工業
型枠工事：磯部工業、五城建設、ホソヤ、（ボイドスラブ工事）アイエルシー

測量工事（墨出し）：チャコール東海
仮設電気工事：大迫電気工事
仮設給排水：建水社
山留工事：エムオーテック
鉄骨溶接検査（UT検査）：アクトエイションハート
アンカー・インサート工事：中央総業
近隣家屋調査：グラフィック
ジャッキダウン（計測）：日衡
プレガーター：ヒロセ
鉄骨トラスベント：ヒロセ技研
ディープウェル：タケモト
VOC測定：アイテックリサーチ
地業工事（杭工事）：（一次）エイトン、（二次）日本コンクリート工業
圧送工事（ポンプ）：中央建設、タニケン
鉄筋工事：泉工業所、大森鉄筋工業、（ガス圧接・機械式継手）嘉藤工業所、（CB溶接）北陸ガス圧接
鉄骨工事：（一般）広伊建設、（トラス）巴コーポレーション、（格子壁鉄板）垣見鉄工、（鉄骨階段）横森製作所、（デッキ）スチールエンジ、（スタッド）岡部、（耐火被覆）佐藤建工、（耐火塗装）エスケー化研
PC工事：（4階柱梁）建研、（格子壁）東海コンクリート
組積工事（ALC、ECP）：創栄
防水工事：中央建材工業
木工工事（木工・家具）：村井工業、愛知
樋工事：ケント
金属工事：（外周手すり、屋上関係）名豊興産、（特殊、EXP、タラップ）成田金属工業、（軒天、手すり、メッシュパネル）弘和建商
建具工事：（アルミ建具）LIXIL、（スチール建具、シャッター、トイレブース）三和シャッター工業、（ステンレス、自動ドア）ナブコドア、（SW、ガラスパーティション）コマニー、（スチール製カーテンウォール）文化シャッター
ガラス工事：竹甚板硝子
左官工事：夏目組
塗装工事：菊地興業、望月塗工
内装工事：（LGS、ボード、GW）東海物産、隆一産業、（床材、クロス材）サンゲツ、（OAフロア）イノアック住環境、（サイン）アクセス、（ユニットシャワー）富士機材、（書架工事）愛知、（床表面強化）シーゲイト
外構工事：大林道路
植栽工事：岐阜造園
体育器具：セノー
昇降機設備工事：フジテック
産業廃棄物：新生ユニオン
仮設ハウス：三協フロンテア
揚重工事：ミック
警備：アイビー警備保障
鉄筋材納入：阪和興業
生コン納入：（生コン商社）住商セメント、（プラント）谷建材、八洲 名古屋工場、八洲 春日井工場、北国生コン みずほ
仮設材：（仮設材料）大林組名古屋機材センター、杉孝、（運搬）高村事業所、（鉄骨吊足場、タラップ）日綜産業、（ネット・シート類）大嘉産業、（雑物・雑金物）かずまん、ミウラ、ヤマシン、真栄産業、岡部、日本機電、丸井産業、京都スペーサー、（左官材料）油久、（ワイヤーメッシュ）トーアミ
機械リース：瀧富工業、太陽建機レンタル、ジー・オー・ピー、レンタルのニッケン
鉄板リース：三喜
安全用品：ユニット、東海ユニット販売
スクラップ：アサヒ金属
事務所備品：コーユーレンティア
式典：セレスポ
製本：アイチマイクロ
航空写真：エスエス名古屋
BIM/施工図：シェルパ

[備品関連工事]
備品家具：愛知、日本ファイリング
AV設備：電子システム
ブラインド：立川ブラインド
厨房：マルゼン

[規模]
敷地面積：20,136.37㎡
建築面積：10,465.21㎡
延床面積：20,881.34㎡（内部床面積：17,654.21㎡）
各階床面積：地下1階 1,053.51 ㎡/1階 4,901.85㎡/2階 2,082.68㎡
/3階 2,913.36㎡/4階 9,823.23㎡/中4階 37.04㎡/屋上階 69.67㎡
建蔽率：51.97 ％（許容70% *角地緩和＋10%を含む）
容積率：103.70 ％（許容200%）
階数：地上4階、地下1階

[寸法]
最高高さ：24.903m
軒高：20.303m
階高：1階 3,710mm/2階 3,710mm/3階 4,500mm/4階 3,500mm/
中4階 4,815mm
天井高：1階 2,790mm/2階 2,790mm/3階 3,585mm/4階（中4階を
含む）7,250mm
主なスパン：8,000×8,000mm

[敷地条件]
地域地区：第一種住居地域、第二種住居地域
その他：敷地中央地下に地下鉄名城線名城公園駅
道路幅員：東8m、西50m、南10m、北15m
駐車台数：16台

[構造]
主体構造：鉄筋コンクリート造＋鉄骨造＋鉄骨鉄筋コンクリート造＋
鉄骨プレキャストコンクリート（SPCa）造
杭・基礎：杭基礎、一部 直接基礎

[設備]
空調設備
空調方式：空気調和機（AHU）、ファンコイルユニット（FCU）、
空冷パッケージ（PAC）、床輻射冷暖房
熱源：中央熱源方式、個別熱源方式兼用

衛生設備
給水：受水槽＋加圧給水方式
給湯：局所給湯方式（ガス給湯器、電気温水器）
排水：汚水・雨水分流方式

電気設備
受電方式：一回線受電方式、非常電源専用受電設備
設備容量：2,755kVA

防災設備
消火：屋内消火栓設備、移動式粉末消火設備、消火器
その他：自動火災報知設備、非常照明設備、非常放送設備、
誘導灯設備、避雷設備

昇降機
乗用エレベータ（20人乗り）×2台、人荷共用エレベータ（29人乗り）
×2台

[期間]
基本構想：2016年5月～2018年3月
設計期間：2018年4月～2020年4月
施工期間：2020年5月～2022年3月

[外部仕上げ]
屋根：鉄筋コンクリート金ゴテ仕上げ 塗膜防水、
鉄筋コンクリート金ゴテ仕上げ 塗膜防水 鋼製床下地 樹脂デッキ張り
外壁：押出成形セメント板 t=60mm（内部ウレタンフォーム吹付け
t=30mm）撥水剤
格子壁：プレキャストコンクリート 撥水剤、内側St PL-t16,19,22
DP塗装
開口部：アルミサッシ、スチールカーテンウォールサッシ
外構：透水性アスファルト舗装、芝生、コンクリート平板
植栽：ホルトノキ、オリーブ、メタセコイア

[内部仕上げ]
ライブラリー
床：タイルカーペット
壁：スチール壁面書架
天井：鉄筋コンクリートボイドスラブ 撥水剤

ホール
床：フローリング（カバ桜）t=24mm ウレタンクリア塗装
壁：音響調整板 SUSワイヤーメッシュ DP塗装
天井：吸音板/有孔珪酸カルシウム板 t=15mm EP塗装、反射板/GB-R
t=15mm EP塗装

アリーナ
床：鉄筋コンクリート金ゴテ仕上げ 長尺塩ビシート t=7.5mm
壁：スチールパーティション
天井：LGSルーバー DP塗装

カフェテリア
床：鉄筋コンクリート金ゴテ仕上げ 表面強化剤
壁：PB t=12.5+12.5mm EP塗装
天井：LGSルーバー DP塗装

ギャラリー
床：鉄筋コンクリート金ゴテ仕上げ 表面強化剤
壁：不燃合板 t= 12.5 mmガラスクロス下地 EP塗装
天井：LGSルーバー DP塗装

ファクトリー
床：鉄筋コンクリート金ゴテ仕上げ 表面強化剤
壁：アルミパーティション、スチールパーティション
天井：LGSルーバー DP塗装

スタジオ
床：鉄筋コンクリート金ゴテ仕上げ 表面強化剤
壁：鉄筋コンクリート打放し EP塗装
天井：LGSルーバー DP塗装（天井内吸音材吹付け）

見世
床：鉄筋コンクリート金ゴテ仕上げ 表面強化剤
壁：合板 t=12mm＋PB t=12.5mm EP塗装
天井：LGSルーバー DP塗装（天井内吸音材吹付け）

MATERIALIZATION
山本理顕的設計監理思想
生まれ変わる名古屋造形大学

発行日
2023年3月30日

発行者
橋戸幹彦

発行所
株式会社建築技術
〒101-0061 東京都千代田区神田三崎町3-10-4千代田ビル

著者
山本理顕、玉田誠、正木和美、大澤敏行、朴晋秀、大可大、金田充弘、
伊藤潤一郎、荻原廣高、久木宏紀、川端将大、山本至、廣村正彰、
藤森泰司、岡安泉、安東陽子、福地智子、原游、蜂屋景二、相原仁史、
菊地大（掲載順）

デザイン
廣村デザイン事務所（廣村正彰、山口慶）

撮影
大野繁
大井川茂兵衛

編集
山本理顕設計工場（正木和美）

イラストレーション+図面
山本理顕設計工場（正木和美、大澤敏行、朴晋秀、大可大）

制作
建築技術（橋戸央樹、古屋歴）

印刷・製本
三報社印刷株式会社

ISBN978-4-7677-0174-5
Printed in Japan

クレジット
[写真]
大野繁：表紙、裏表紙、P1、4-5、8-9、16-17、26、27、28-29、34-35、
36-37、38-39、60、80（中）、82、83（中）、84、95（下×2）、
96（右下）
大井川茂兵衛：P6-7、10-11、14-15、18-19、20-21、22-23、24-25、
30-31、32-33、90（下）、91、113（右下）
新建築社：P12-13、87（上段×2）
大橋富夫：P87（下）
山本理顕設計工場：P40、83（右下）、94（下）、96（左下）、110-112、
113（右下以外）
大林組：P68、98、106、115-129
Arup：P71、80（下）、83（左下）
藤森泰司アトリエ：P93（左上）
愛知：P93（右上、下×2）

[プロフィール写真]
森日出夫：P86、Aoiassa：P89、小川真輝：P92、堀田貞雄：P95、
須崎隆善：P97

[イラストレーション・スケッチ]
山本理顕：P47、88
正木和美、朴晋秀：P48-49、50-51、52-53、54-55、56-57、
58、64（下）
正木和美、朴晋秀、大可大：P62（左上）、66（左×2）
正木和美、大可大：P61（下）、63（右×3、右下）、65（中）、67（下）
正木和美：P60、61（上）、64（上）、65（上、下）、66（右）、67（上）
朴晋秀：P62（下）
itaru/taku/COL.：P89（左下）

[図版・CG・解析図]
山本理顕設計工場：P48-49、59-67、89（上×2）、102-105、110、
130-133、134
Arup：P72-77、78-79、81、82（下）
廣村デザイン事務所：P89（右下）
藤森泰司アトリエ：P92（下）、93（上、中）
大林組：P114-129